掌故叢書

白石老人自述

齐白石 口述　张次溪 笔录

浙江古籍出版社

齐白石像

万竹山居

《石门二十四景图》之蕉窗夜雨

《石门二十四景图》之棣楼吹笛

虾

册页小品

牵牛花

猫趣图

《山水十二条屏》选四

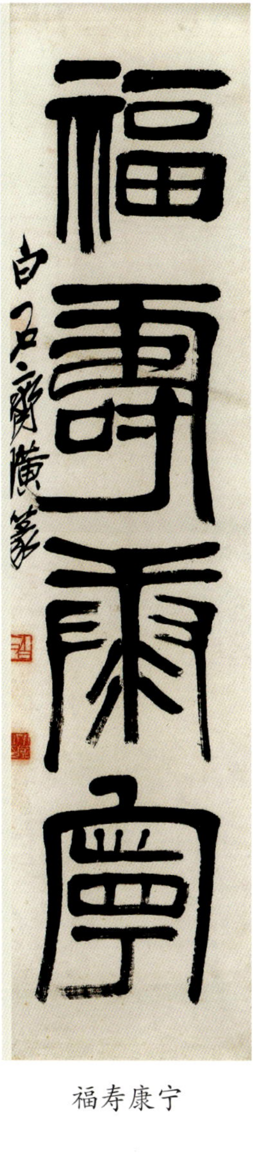

福寿康宁

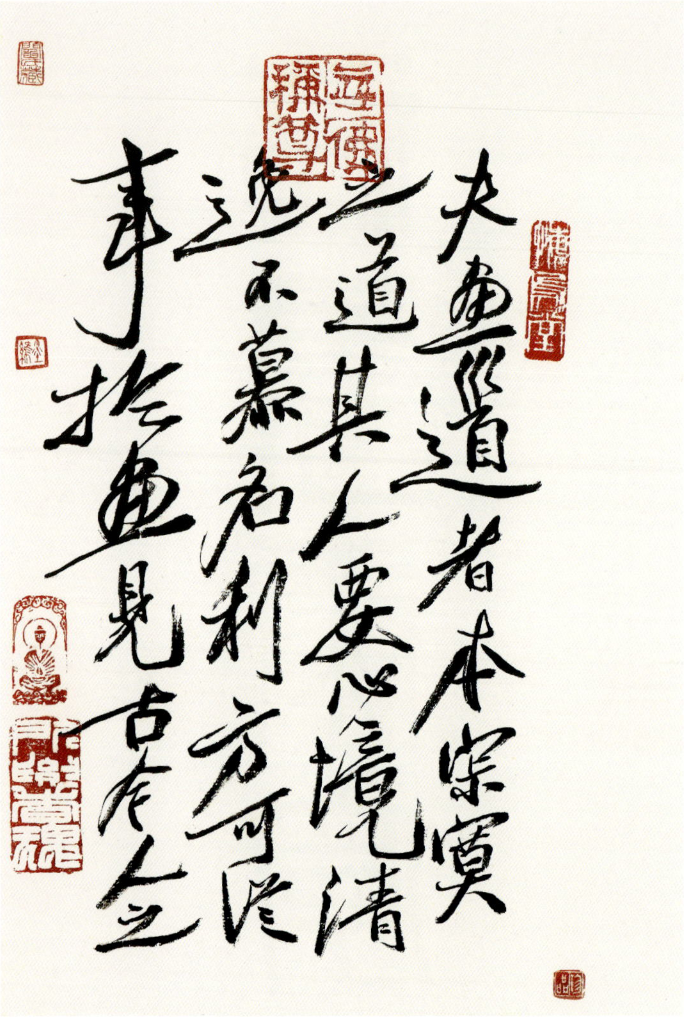

题跋：夫画道者，本寂寞之道。其人要心境清逸，不慕名利，方可从事于画。

前　言

白石老人是我的世伯，又是我的老师，我和老人交往了将近四十年，一直保持着我们两代世交的深厚感情。他叫我笔录他的口述自传材料，原是预备寄给苏州金松岑丈替他撰著传记用的参考资料。记得一九三三年的春天，老人到我家来，见到金丈寄给我的信，信内附有一篇替我朋友作的传记体文章。老人把这篇文章读了一遍，佩服得了不得，说是这样的好文章，真可算得千古传作。我把老人说的话，写信告知金丈，并介绍他们二位缔结了文字交。后来，老人还很高兴地画了一幅《红鹤山庄图》，托我转寄金丈，作为两人订交的纪念，同时他还希望金丈也能给他作一篇传记。从那时起，老人就开始自述他一生的经历，叫我笔录下来，随时寄给金丈。

我笔录他的自述材料，大概写到一半时候，卢沟桥事变突起，在戎马仓皇之间，我为了生活，到南方去耽了几年，就把这事给搁下了。已写成的稿子，还留在我处，而抄寄给金丈的，只不过是这一半成稿中的一小部分而已。我旅居南方的几年中，也曾回来过几次，都因匆匆往返，没有时间和老人畅谈，把笔录的事搁置下来。等到一九四五年我回到北京，老人又跟我谈起这事,希望能继续笔录下去,早早地写完全。岂知这时金丈已经逝世,给他撰著传记的诺言,无法实现,老人觉得很失望,我也替他扫兴。有一天,老人对我说:“金公虽已不在,这篇稿子,半途而废有点可惜,我来说,你接着写下去吧!”说得非常恳切,我只得一口担承下来。但我因为职务羁身,不能常常前去。而每次去时,老人总是滔滔不绝,说得很高兴,我就随时笔录。到一九四八年为止,把前后断断续续所记的,凑合在一起,积稿倒也不少。

那时,老人已届八十六岁高龄,身体渐渐有点衰弱迹象,坐得时间长了,似乎感觉异常劳累,说话也不能太多,多说就显得气促力竭。而我的高血压症,一度又十分严重,遵医之嘱,在家休养,老人那边,足迹遂疏,此稿只得暂时告一段落。

我本想等我病愈之后,趁哪一天老人精神好时,再去听听他的口述,给他多记录点。想不到隔不多久,老人逝世了。回想往日促膝谈心的情景,已是不可再得,叫我怎能不感慨万分呢!老人生前,为了这篇稿子,总是念念不忘,对我提起了不知多少次。而经过许多波折,一再停顿,我心里头着实有些怅惘。因此,我把历年笔录老人口述的草稿,加以整理,编次成篇,算是我对于老人最后尽的一点心意,而我自己,也算了却一桩心愿。可是没有在老人生前,让他能亲眼看到完篇,真是遗憾万分!

我所记的,都是老人亲口所说,为了尽量保留老人的口气,一字一句,我都不敢加以藻饰,只求老人的意思,能够明明白白地传达出来。虽说老年人说话，有时不免重复，这一点，我在初步整理时，已注意到了。尤其老人说话时，关涉到我个人和我先父的事情，我更是力求精简。凡是不必要的，我都删削。这样整理，恐怕缺点还是难免的，希望亲爱的读者同志们多加指教！

另外有两件事，需在此顺便说明一下：（一）老人原配陈夫人，是一八六二年（同治元年壬戌）生的，比老人大一岁，这自述的材料里说的是对的。而在一九四〇年（庚辰）老人所撰祭陈夫人文中所说的："前清同治十三年正月二十一日，乃吾妻于归期也，是时吾妻年方十二。"那是老人记错了，按照旧习惯，那年陈夫人应为十三岁。（二）老人跟他外祖父周雨若公读书，是在一八七〇年（同治九年庚午），是年，老人年八岁，他亲口对我说过不止一遍，而《白石诗草》卷六"过星塘老屋题壁"诗注："余九余，从村塾于枫林亭。"这是老人作诗注时的笔误。因恐读者根据老人所作的祭文和诗注，对于自传里所记的陈夫人生年和老人上学时的年龄发生怀疑，所以附记于此。

一九六二年夏，东莞张次溪记于北京。

看完《白石老人自述》后的感想

罗家伦

这是一篇很好的自传，很好的理由是朴实无华，而且充满了作者的乡土气味。

我常觉得最动人的文学是最真诚的文学。不掩饰，不玩弄笔调，以诚挚的心情，说质朴的事实，哪能使人不感动？

齐白石自传最大部分是他口述，而由他的晚辈亲戚张次溪笔记的，最后一小部分据张君说是白石亲自写的。白石出生在湖南湘潭县的农家，一亩水田，几间破屋，供应五口之家，其穷苦的情形，可以想象。他的父亲教他扶犁，"后因年小力弱转习木工，朝为工，暮归"。但是"在十二岁转习木工后，仍然好学不倦，总是在每日停工的夜晚，用松节点火读书习画，到二十七岁才正式得师指点。那是光绪十五年的时候，他在家乡赖家垅做雕花木匠……乡人都称他"芝木匠"（因为他名叫纯芝）。以后受到同乡胡沁园的赏识，令他读书；而胡氏所藏名人书画颇多，使他增长见识，画艺大进。对于胡氏的提拔，他终身不忘。以后若干年更受到王闿运（壬秋）的赏识，并拜王为师，我当年翻阅王壬秋的《湘绮楼日记》，屡见"齐木匠来"的记载；可见王壬秋对他不及胡沁园的厚道。他在三十岁以后，作画渐有声名，“乡里的人都知道芝木匠改行做了画匠，比雕的花还好”。他七十岁时，想起了这件事，作过一首《往事示儿辈》的诗，说：“村书无角宿缘迟，廿七年华始有师。灯火无油何害事，自燃松火读唐诗。”这段记录毫无掩饰，至今看去，弥觉天真。以后他继续学画，并学会了“揭裱旧画的手艺”，更进而学作诗、学篆刻印章。我以前见过他刻的图章，颇像赵之谦（撝叔）的刀法，现在看他自己的记载，果然他从丁龙泓、黄小松二家入手以后，更受了赵氏《二金蝶堂印谱》的影响，以后见《天发神谶碑》又变了刀法，及见三公山碑以后又变了篆法，最后才好仿秦权。

他的画艺，据他自己的记载，最初是学过工笔画，后改以自然界的现象为师，并且设法体会若干种生物的动态，分别用水墨丹青来表现。但是他一方面不肯“舍真作怪”，一方面“并不一味地刻意求似”。他接上说：“能在不求似中得似，方得显出神韵。我有句说：‘写生我懒求神似，不厌声名到老低。’……我向来反对宗派拘束，曾云：‘逢人耻听说荆关，宗派夸能却汗颜。’也反对死临死摹，又曾说过：‘山外楼台云外峰，匠家千古此雷同。’‘一笑前朝诸巨手，平铺细抹死工夫。’因之我就常说：‘胸中山气奇天下，删去临摹手一双。’赞同我这见解的人，陈师曾是头一个。”以上诸诗虽不甚工，却也能于粗率词句中表现他的天真和志趣。当时的画家如陈师曾，对他是很有影响的。（按：师曾是陈三立先生的儿子，为名画家，和我很熟，他天资极高，可惜早死。）至于他说他的画“学八大山人冷逸一路”也不能说是到家。八大的画笔奇简而意弥深，白石殊有未逮。白石画常以粗线条见长，龙蛇飞舞，笔力遒劲，至于画的韵味，则断难与八大相提并论。但在当今，已不容易了！

白石具有中国农村中所曾保持的厚道。如他对于恩师胡沁园的感激，是何等的诚挚！他说：“他老人家不但是我的恩师，也可以说是我生平第一知己。我今日略有成就，饮水思源，都出于他老人家的一手栽培。一别千古，我怎能抑制得住满腔的悲思呢？我参酌旧稿，画了二十多幅画，都是他老人家生前赏识过的，我亲自动手裱好，装在亲自糊扎的纸箱内，在他灵前焚化，同时又作了七言绝诗十四首，又作了一篇祭文……”读者不要笑这是“土老儿”的土气。这和吴季子挂剑在亡友坟上，同样的感人！

我在长清华大学的时候，曾偕陈师曾、邓叔存几位朋友去拜访过白石老人。一进大门就看见屏门上贴着画的润格，进客厅后又看到润格贴在墙上，心中颇有反感，以为风雅的画家，何至于此。到现在看到他这篇自述，了解他从童年一直到老年为生活而艰苦奋斗的情形，使我以前的这种反感，也消释于无形了！

《白石老人自述》最后简略还提到他八十八岁的一年的事。（按：系民国三十七年，在实际上说乃是他八十六岁的一年；只因为他迷信算命的警告，须逃避七十五岁一关的厄运，才能继续活下去，从丁丑即民国二十六年起，自己加高两岁，说这是“瞒天过海法”！）……

1963年10月23日，台北

目　录

一　出生时的家庭状况(一八六三)

穷人家孩子,能够长大成人,在社会上出头的,真是难若登天。我是穷窝子里生长大的,到老总算有了一点微名。回想这一生经历,千言万语,百感交集,从哪里说起呢?先说说我出生时的家庭状况吧!

我们家,穷得很呐!我出生在清朝同治二年(癸亥·一八六三)十一月二十二日,我生肖是属猪的。那时,我祖父、祖母、父亲、母亲都在堂,我是我祖父母的长孙,我父母的长子,我出生后,我们家就五口人了。家里有几间破屋,住倒不用发愁,只是不宽敞罢了。此外只有水田一亩,在大门外晒谷场旁边,叫做“麻子丘”。这一亩田,比别家的一亩要大得多,好年成可以打上五石六石的稻谷,收益真不算少,不过五口人吃这么一点粮食,怎么能够管饱呢?我的祖父同我父亲,只好去找零工活做。我们家乡的零工,是管饭的,做零工活的人吃了主人的饭,一天才挣得二十来个制钱的工资。别看这二十来个制钱为数少,还不是容易挣到手的哩!第一,零工活不是天天有得做。第二,能做零工活的人又挺多。第三,有的人抢着做,情愿减少工资去竞争。第四,凡是出钱雇人做零工活的,都是刻薄鬼,不是好相处的。为了这几种原因,做零工活也就是“一天打鱼，三天晒网”，混不饱一家的肚子。没有法子，只好上山去打点柴，卖几个钱，贴补家用。就这样，一家子对付着活下去了。

我是湖南省湘潭县人。听我祖父说，早先我们祖宗，是从江苏省砀山县搬到湘潭来的，这大概是明朝永乐年间的事，刚搬到湘潭，住在什么地方，可不知道了。只知在清朝乾隆年间，我的高祖添镒公，从晓霞峰的百步营搬到杏子坞的星斗塘，我就是在星斗塘出生的。杏子坞，乡里人叫它杏子树，又名殿子树。星斗塘是早年有块陨星，掉在塘内，所以得了此名，在杏子坞的东头，紫云山的山脚下。紫云山在湘潭县城的南面，离城有一百来里地，风景好得很。离我们家不到十里，有个地方叫烟墩岭，我们的家祠在那里，逢年过节，我们姓齐的人，都去上供祭拜，我在家乡时候，是常常去的。

我高祖以上的事情，祖父在世时，对我说过一些，那时我年纪还小，又因为时间隔得太久，我现在已记不得了，只知我高祖一辈的坟地，是在星斗塘。现在我要说的，就从我曾祖一辈说起吧！

我曾祖潢命公，排行第三，人称命三爷。我的祖宗，一直到我曾祖命三爷，都是务农为业的庄稼汉，上辈没有做过官，也没有发过财，勤勤恳恳地混上一辈子，把肚子对付饱了，就算挺不错的。在那个年月，穷人是没有出头日子的，庄稼汉世世代代是个庄稼汉，穷也就一直穷下去啦！曾祖母的姓，我不该把她忘了。十多年前，我回到过家乡，问了几个同族的人，

白石老屋

他们比我长的人，已没有了，存着的，辈份年纪都比我小，他们都说，出生的晚，谁都答不上来。像我这样老而糊涂的人，真够岂有此理的了。

我祖父万秉公，号宋交，大排行是第十，人称齐十爷。他是一个性情刚直的人，心里有了点不平之气，就要发泄出来，所以人家都说他是直性子，走阳面的好汉。他经历了太平天国的兴亡盛衰，晚年看着湘勇(即"湘军")抢了南京的天王府，发财回家，置地买屋，美的了不得。这些杀人的刽子手们，自以为有过汗马功劳，都有戴上红蓝顶子的资格(清制：一二品官戴红顶子，三四品官戴蓝顶子)，他们都说"跟着曾中堂(指曾国藩)打过长毛"，自鸣得意。在家乡好像京城里的黄带子一样(清朝皇帝的本家，近支的名曰宗室，腰间系一黄带，俗称黄带子；远房的名曰觉罗，腰间系一红带，俗称红带子。黄带子犯了法，不判死罪，最重的罪名，发交宗人府圈禁，所以他们胡作非为，人均畏而避之)，要比普通老百姓高出一头，什么事都得他们占便宜，老百姓要吃一些亏。那时候的官，没有一个不和他们一鼻孔出气的，老百姓得罪了他们，苦头就吃得大了。不论官了私休，他们总是从没理中找出理来，任凭你生着多少张嘴，也搞不过他们的强词夺理来。甚至在风平浪静，各不相扰的时候，他们看见谁家老百姓光景过得去，也想没事找事，弄些油水。

我祖父是个穷光蛋，他们打主意，倒还打不到他的头上去，但他看不惯他们欺压良民，无恶不作，心里总是不服气，忿忿地对人说:“长毛并不坏,人都说不好,短毛真厉害,人倒恭维他,天下事还有真是非吗?”他就是这样不怕强暴,肯说实话的。他是嘉庆十三年(戊辰・一八〇八)十一月二十二日生的,和我的生日是同一天,他常说:“孙儿和我同一天生日,将来长大了,一定忘不了我的。”他活了六十七岁,殁于同治十三年(甲戌・一八七四)的端阳节,那时我十二岁。

我祖母姓马,因为祖父人称齐十爷,人就称她为齐十娘。她是温顺和平、能耐劳苦的人,我小时候,她常常戴着十八圈的大草帽,背了我,到田里去干活。她十岁就没了母亲,跟着她父亲传虎公长大的,娘家的光景,跟我们差不多。道光十一年(辛卯・一八三一)嫁给我祖父,遇到祖父生了气,总是好好地去劝解,人家都称赞她贤惠。她比我祖父小五岁,是嘉庆十八年(癸酉・一八一三)十二月二十三日生的,活了八十九岁,殁于光绪二十七年(辛丑・一九〇一)十二月十九日,那时我三十九岁。

祖父祖母只生了我父亲一人,有了我这个长孙,疼爱得同宝贝似的,我想起了小时候他们对我的情景,总想到他们坟上去痛哭一场。

我父亲贳政公,号以德,性情可不同我祖父啦!他是一个很怕事、肯吃亏的老实人,人家看他像是“窝囊废”(北京俗语,意谓无用的人),给他取了个外号,叫做“德螺头”。他逢到有冤没处申的时候,常把眼泪往肚子里咽,不到人前去哼一声的,真是懦弱到了极点了。

我母亲的脾气却正相反,她是一个既能干又刚强的人,只要自己有理,总要把理讲讲明白的。她待人却非常讲究礼貌,又能勤俭持家,所以不但人缘不错,外头的名声也挺好。我父亲要没有一位像我母亲这样的人帮助他,不知被人欺侮到什么程度了。

我父亲是道光十九年(己亥·一八三九)十二月二十八日生的,殁于民国十五年(丙寅·一九二六)七月初五日,活了八十八岁。我母亲比他小了六岁,是道光二十五年(乙巳·一八四五)九月初八日生的,殁于民国十五年三月二十日,活了八十二岁。我一年之内,连遭父母两丧,又因家乡兵乱,道路不通,我住在北京,没有法子回去,说起来好像刀刺在心一样!

提起我的母亲,话可长啦!我母亲姓周,娘家住在周家湾,离我们星斗塘不太远。外祖父叫周雨若,是个教蒙馆的村夫子,家境也是很寒苦的。咸丰十一年(辛酉·一八六一)我母亲十七岁那年,跟我父亲结了婚。嫁过来的头一天,我们湘潭乡间的风俗,婆婆要看看儿媳妇的妆奁的,名目叫做"检箱"。因为母亲的娘家穷,没有什么值钱的东西,自己觉得有些寒酸。我祖母也是个穷出身而能撑起硬骨头的人,对她说:"好女不着嫁时衣,家道兴旺,全靠自己,不是靠娘家陪嫁东西来过日子的。"我母亲听了很激动,嫁后三天,就下厨房做饭,粗细活儿,都干起来了。她待公公婆婆,是很讲规矩的,有了东西总是先敬翁姑,次及丈夫,最后才轮到自己。

我们家乡,做饭是烧稻草的,我母亲看稻草上面,常有没打干净剩下来的谷粒,觉得烧掉可惜,用捣衣的椎,一椎一椎地椎了下来,一天可以得谷一合,一月三升,一年就三斗六升了,积了差不多的数目,就拿去换棉花。又在我们家里的空地上,种了些麻,有了棉花和麻,我母亲就春天纺棉,夏天绩麻。我们家里,自从母亲进门,老老小小穿用的衣服,都是用我母亲自织的布做成的,不必再到外边去买布。我母亲织成了布,染好了颜色,缝制成衣服,总也是翁姑在先,丈夫在次,自己在后。嫁后不两年工夫,衣服和布,足足的满了一箱。我祖父祖母是过惯了穷日子的,看见了这么多的东西,喜出望外,高兴的了不得,说:"儿媳妇的一双手,真是了不起。"她还养了不少的鸡鸭,也养过几口猪,鸡鸭下蛋,猪养大了,卖出去,一年也能挣些个零用钱,贴补家用的不足。我母亲就是这样克勤克俭地过日子,因此家境虽然穷得很,日子倒过得挺和美。

我出生的那年,我祖父五十六岁,祖母五十一岁,父亲二十五岁,母亲十九岁。我出生以后,身体很弱,时常闹病,乡间的大夫,说是不能动荤腥油腻,这样不能吃,那样不能吃,能吃的东西,就很少的了。吃奶的孩子,怎能够自己去吃东西呢?吃的全是母亲的奶,大夫这么一说,就得由我母亲忌口了。可怜她爱子心切,听了大夫的话,不问可靠不可靠,凡是荤腥油腻的东西,一律忌食,恐怕从奶汁里过渡,对我不利。逢年过节,家里多少要买些鱼肉,打打牙祭,我母亲总是看着别人去吃,自己是一点也不沾唇的,忌口真是忌得干干净净。可恨我长大了,作客在外的时候居多,没有能够常依膝下,时奉甘旨,

借山翁

木人

老齐郎

白石

老白

臣璜之印

寄萍堂

三百石印富翁

杏子坞老民

画师白石

真可以说：罔极之恩，百身莫赎。

依我们齐家宗派的排法，我这一辈，排起来应该是个“纯”字，所以我派名纯芝，祖父祖母和父亲母亲，都叫我阿芝，后来做了木工，主顾们都叫我芝木匠，有的客气些叫我芝师傅，我的号，本叫渭清，祖父给我取的号，叫做兰亭。齐璜的“璜”字，是我的老师给我取的名字。老师又给我取了一个“濒生”的号。齐白石的“白石”二字，是我后来常用的号，这是根据白石山人而来的。离我们家不到一里地，有个驿站，名叫白石铺，我的老师给我取了一个白石山人的别号，人家叫起我来，却把“山人”两字略去，光叫我齐白石，我就自己也叫齐白石了。其他还有木居士、木人、老木、老木一，这都是说明我是木工出身，所谓不忘本而已。杏子坞老民、星塘老屋后人、湘上老农，是纪念我老家所在的地方。齐大，是戏用“齐大非耦”的成语，而我在本支，恰又排行居首。寄园、寄萍、老萍、萍翁、寄萍堂主人、寄幻仙奴，是因为我频年旅寄，同萍飘似的，所以取此自慨。当初取此“萍”字做别号，是从濒生的“濒”字想起的。借山吟馆主者、借山翁，是表示我随遇而安的意思。三百石印富翁，是我收藏了许多石章的自嘲。这一大堆别号，都是我作画或刻印时所用的笔名。

我在中年以后，人家只知我名叫齐璜，号叫白石，连外国人都这样称呼，别的名号，倒并不十分被人注意，尤其齐纯芝这个名字，除了家乡上岁数的老一辈亲友，也许提起了还记得是我，别的人却很少知道的了。

二　从识字到上学(一八六四——一八七〇)

同治三年(甲子·一八六四),我两岁。四年(乙丑·一八六五),我三岁。这两年,正是我多病的时候,我祖母和我母亲,时常急得昏头晕脑,满处去请大夫。吃药没有钱,好在乡里人都有点认识,就到药铺子里去说好话,求人情,赊了来吃。我们家乡,迷信的风气是浓厚的,到处有神庙,烧香磕头,好像是理所当然。我的祖母和我母亲,为了我,几乎三天两朝,到庙里去叩祷,希望我的病早早能治好。可怜她婆媳二人,常常把头磕得咚咚地响,额角红肿突起,像个大柿子似的,回到家来,算是尽了一桩心愿。她俩心里着了急,也就顾不得额角疼痛了。我们乡里,还有一种巫师,嘴里胡言乱语,心里诈欺吓骗,表面上是看香头治病,骨子里是用神鬼来吓唬人。我祖母和我母亲,在急得没有主意的时候,也常常把他们请到家来,给我治病。经过请大夫吃药,烧香求神,请巫师变把戏,冤枉钱花了真不算少。我的病,还是好好坏坏地拖了不少日子。

后来我慢慢地长大了,能走路说话了,不知怎的,病却渐渐地好了起来,这就乐煞了我祖母和我母亲了。母亲听了大夫的话,怕我的病重发,不吃荤腥油腻,就忌口忌得干干净净。

祖母下地干活，又怕我呆在家里，闷得难受，把我背在她背上，形影不离地来回打转。她俩常说："自己身体委屈点、劳累点，都不要紧，只要心里的疙瘩解消了，不担忧，那才是好的哩！"为了我这场病，简直的把她俩闹得怕极了。

同治五年（丙寅·一八六六），我四岁了。到了冬天，我的病居然完全好了。这两年我闹的病，有的说是犯了什么煞，有的说是得罪了什么神，有的说是胎里热着了外感，有的说是吃东西不合适，把肚子吃坏了，有的说是吹着了山上的怪风，有的说是出门碰到了邪气，奇奇怪怪地说了好多名目，哪一样名目都没有说出个道理来。所以我那时究竟闹的是什么病，我至今都没有弄清楚，这就难怪我祖母和我母亲，当时听了这些怪话，要胸无主宰，心乱如麻了。然而我到了四岁，病确是好了，这不但我祖母和我母亲，好像心上搬掉了一块石头，就连我祖父和我父亲，也各长长地舒出了一口气，都觉着轻松得多了。

我祖父有了闲工夫，常常抱了我，逗着我玩。他老人家冬天唯一的好衣服，是一件皮板挺硬、毛又掉了一半的黑山羊皮袄，他一辈子的积蓄，也许就是这件皮袄了。他怕我冷，就把皮袄的大襟敞开，把我裹在他胸前。有时我睡着了，他把皮袄紧紧围住，他常说：抱了孩子在怀里暖睡，是他生平第一乐事。他那年已五十九岁了，隆冬三九的天气，确也有些怕冷，常常捡拾些松枝在炉子里烧火取暖。他抱着我，蹲在炉边烤火，拿着通炉子的铁钳子，在松柴灰堆上，比划着写了个"芝"字，教我认识，说："这是你阿芝的芝字，你记准了笔画，别把它忘了！"实在说起来，我祖父认得的字，至多也不过三百来个，也许里头还有几个是半认得半不认得的。但是这个"芝"字，确是他很有把握认得的，而且写出来也不会写错的。这个"芝"字，是我开始识字的头一个。

从此以后，我祖父每隔两三天，教我识一个字，识了一个，天天教我温习。他常对我说："识字要记住，还要懂得这个字的意义，用起来会用得恰当，这才算识得这个字了。假使贪多务博，识了转身就忘，意义也不明白，这是骗骗自己，跟没有识一样，怎能算是识字呢？"我小时候，资质还不算太笨，祖父教的字，认一个，识一个，识了以后，也不曾忘记。祖父见我肯用心，称赞我有出息，我祖母和我母亲听到了，也是挺喜欢的。

同治六年（丁卯·一八六七），我五岁。七年（戊辰·一八六八），我六岁。八年（己巳·一八六九），我七岁。这三年，仍由我祖父教我识字。有时我自己拿着松树枝，在地上比划着写起字来，居然也像个样子，有时又画个人脸儿，圆圆的眼珠，胖胖的睑盘，很像隔壁的胖小子，加上了胡子，又像那个开小铺的掌柜了。

我五岁那年，我的二弟出生了，取名纯松，号叫效林。我六岁那年，黄茅堆子到了一个新上任的巡检（略似区长），不知为什么事，来到了白石铺。黄茅堆子原名黄茅岭，也是个驿站，比白石铺的驿站大得多，离我们家不算太远，白石铺更离得近了。巡检原是知县属下的小官儿，论它的品级，刚刚够得上戴个顶子。这类官,流品最杂,不论张三李四,阿猫阿狗,花上几百两银子,买到了手,居然走马上任,做起“老爷”来了。芝麻绿豆般的起码官儿,又是花钱捐来的,算得了什么东西呢？可是“天高皇帝远”,在外省也能端起了官架子,为所欲为地作威作虐。别看大官儿势力大,作恶多,外表倒还有个谱儿,坏就坏在它的骨子里。唯独这些鸡零狗碎的玩艺儿,顶不是好惹的,它虽没有权力杀人,却有权力打人的屁股,因此,它在乡里,很能吓唬人一下。

那年黄茅驿的巡检,也许新上任的缘故,排齐了旗锣伞扇,红黑帽拖着竹板,吆喝着开道,坐了轿子,耀武扬威地在白石铺一带打圈转。乡里人向来很少见过官面的,听说官来了,拖男带女地去看热闹。隔壁的三大娘,来叫我一块走,母亲问我:“去不去?”我回说:“不去!”母亲对三大娘说:“你瞧,这孩子挺别扭,不肯去,你就自己走吧!”我以为母亲说我别扭,一定是很不高兴了,谁知隔壁三大娘走后,却笑着对我说:“好孩子,有志气！黄茅堆子哪曾来过好样的官,去看他作甚！我们凭着一双手吃饭,官不官有什么了不起!”我一辈子不喜欢跟官场接近,母亲的话,我是永远记得的。

我从四岁的冬天起,跟我祖父识字,到了七岁那年,祖父认为他自己识得的字,已经全部教完了,再有别的字,他老人家自己也不认得,没法再往下教。的确,我祖父肚子里的学问,已抖得光光净净的了,只好翻来覆去地教我温习已识的字。这三百来个字,我实在都识得滚瓜烂熟的了,连每个字的意义，都能讲解得清清楚楚。那年腊月初旬，祖父说："提前放了年学吧！"一面夸奖我识的字，已和他一般多，一面却唉声叹气，好像有什么心事似的。我母亲是个聪明伶俐的人，知道公公的叹气，是为了没有力量供给孙子上学读书的缘故，就对我祖父说："儿媳今年椎草椎下来的稻谷，积了四斗，存在隔岭的一个银匠家里，原先打算再积多一些，跟他换副银钗戴的。现在可以把四斗稻谷的钱取回来，买些纸笔书本，预备阿芝上学。阿爷明年要在枫林亭坐个蒙馆，阿芝跟外公读书，束脩是一定免了的。我想，阿芝朝去夜回，这点钱虽不多，也许够他读一年的书。让他多识几个眼门前的字，会记记账，写写字条儿，有了这么一点挂数书的书底子，将来扶犁掌耙，也就算个好的掌作了。"我祖父听了很乐意，就决定我明年去上学了。

同治九年（庚午·一八七〇），我八岁。外祖父周雨若公，果然在枫林亭附近的王爷殿，设了一所蒙馆。枫林亭在白石铺的北边山坳上，离我们家有三里来地。过了正月十五灯节，母亲给我缝了一件蓝布新大褂，包在黑布旧棉袄外面，衣冠楚楚的，由我祖父领着，到了外祖父的蒙馆。照例先在孔夫子的神牌那里磕了几个头，再向外祖父面前拜了三拜，说是先拜至圣先师，再拜受业老师，经过这样的隆重大礼，将来才能当上相公。

我从那天起，就正式地读起书来，外祖父给我发蒙，当然不收我束脩。每天清早，祖父送我去上学，傍晚又接我回家。别看这三里来地的路程，不算太远，走的却尽是些黄泥路，平常日子并不觉得什么,逢到雨季,可难走得很哪! 黄泥是挺滑的,满地是泥泞,一不小心,就得跌倒下去。祖父总是右手撑着雨伞,左手提着饭箩,一步一拐,仔细地看准了脚步,扶着我走。有时泥塘深了,就把我背了起来,手里还拿着东西,低了头直往前走,往往一走就走了不少的路,累得他气都喘不过来。他老人家已是六十开外的人,真是难为他的。

我上学之后,外祖父教我先读了一本《四言杂字》,随后又读了《三字经》《百家姓》,我在家里,本已识得三百来个字了,读起这些书来,一点不觉得费力,就读得烂熟了。在许多同学中间,我算是读得最好的一个。外祖父挺喜欢我,常对我祖父说:“这孩子,真不错!”祖父也翘起了花白胡子,张开着嘴,笑嘻嘻地乐了。外祖父又教我读《千家诗》,我一上口,就觉得读起来很顺溜,音调也挺好听,越读越起劲。我们家乡,把只读不写、也不讲解的书,叫做“白口子”书。我在家里识字的时候,知道一些字的意义,进了蒙馆,虽说读的都是白口子书,我用一知半解的见识,琢磨了书里头的意思,大致可以懂得一半。尤其是《千家诗》,因为读着顺口,就津津有味地咀嚼起来,有几首我认为最好的诗,更是常在嘴里哼着,简直的成了个小诗迷了。后来我到了二十多岁的时候,读《唐诗三百首》,一读就熟,自己学作几句诗,也一学就会,都是小时候读《千家诗》打好的根基。

那时,读书是拿着书本,拼命地死读,读熟了要背书,背的时候,要顺流而出,嘴里不许打咕嘟。读书之外,写字也算一门功课。外祖父教我写的，是那时通行的描红纸，纸上用木板印好了红色的字，写时依着它的笔姿，一竖一横地描着去写，这是我拿毛笔蘸墨写字的第一次，比用松树枝在地面上划着，有意思得多了。

为了我写字，祖父把他珍藏的一块断墨，一方裂了缝的砚台，郑重地给了我。这是他唯一的“文房四宝”中的两件宝贝，原是预备他自己记账所用，平日轻易不往外露的。他“文房四宝”的另一宝——毛笔，因为笔头上的毛，快掉光了，所以给我买了一支新笔。描红纸家里没有旧存的，也是买了新的。我的书包里，笔墨纸砚，样样齐全，这门子的高兴，可不用提呐！有了这整套的工具，手边真觉方便。写字原是应做的功课，无须回避，天天在描红纸上，描呀，描呀，描个没完，有时描得也有些腻烦了，私下我就画起画来。

恰巧，住在我隔壁的同学，他婶娘生了个孩子。我们家乡的风俗，新产妇家的房门上，照例挂一幅雷公神像，据说是镇压妖魔鬼怪用的。这种神像，画得笔意很粗糙，是乡里的画匠，用朱笔在黄表纸上画的。我在五岁时，母亲生我二弟，我家房门上也挂过这种画，是早已见过的，觉得很好玩。这一次在邻居家又见到了，越看越有趣，很想摹仿着画它几张。我跟同学商量好，放了晚学，取出我的笔墨砚台，对着他们家的房门，在写字本的描红纸上，画了起来。可是画了半天，画得总不太好。雷公的嘴脸，怪模怪样，谁都不知雷公究竟在哪儿，他长得究竟是怎样的相貌，我只依着神像上面的尖嘴薄腮，画来画去,画成了一只鹦鹉似的怪鸟脸了。自己看着,也不满意,改又改不合式。雷公像挂得挺高,取不下来,我想了一个方法,搬了一只高脚木凳,蹬了上去。只因描红纸质地太厚,在同学那边找到了一张包过东西的薄竹纸,覆在画像上面,用笔勾影了出来。画好了一看,这回画得真不错,和原像简直是一般无二,同学叫我另画一张给他,我也照画了。从此我对于画画,感觉到莫大的兴趣。

同学到蒙馆里一宣传,别的同学也都来请我画了,我就常常撕了写字本,裁开了,半张纸半张纸地画,最先画的是星斗塘常见到的一位钓鱼老头,画了多少遍,把他面貌身形,都画得很像。接着又画了花卉、草木、飞禽、走兽、虫鱼等等,凡是眼睛里看见过的东西,都把它们画了出来。尤其是牛、马、猪、羊、鸡、鸭、鱼、虾、螃蟹、青蛙、麻雀、喜鹊、蝴蝶、蜻蜓这一类眼前常见的东西,我最爱画,画得也就最多。雷公像那一类从来没人见过真的,我觉得有点靠不住。那年,我母亲生了我三弟,取名纯藻,号叫晓林;我家房门上,又挂了雷公神像,我就不再去画了。我专给同学们画眼门前的东西,越画越多,写字本的描红纸,却越撕越少。往往刚换上新的一本,不到几天,又撕完了。

外祖父是熟读朱柏庐《治家格言》的,嘴里常念着:“一粥一饭,当思来处不易;半丝半缕,恒念物力维艰。”他看我写字本用得这么多,留心考查,把我画画的事情,查了出来,大不谓然,以为小孩子东涂西抹,是闹着玩的,白费了纸,把写字的正

渔翁

事,却耽误了。屡次呵斥我:“只顾着玩的,不干正事,你看看!描红纸白费了多少?”蒙馆的学生,都是怕老师的,老师的法宝是戒尺,常常晃动着吓唬人,真要把他弄急了,也会用戒尺来打人手心的。我平日倒不十分淘气,没有挨过戒尺,只是为了撕写字本,好几次惹得外祖父生了气。幸而他向来是疼我的,我读书又比较用功,他光是嘴里嚷嚷要打,戒尺始终没曾落到我手心上。我的画瘾,已是很深,戒掉是办不到的,只有满处去找包皮纸一类的,偷偷地画,却也不敢像以前那样尽量去撕写字本了。

到秋天,我正读着《论语》,田里的稻子,快要收割了,乡间的蒙馆和“子曰店”都得放“扮禾学”,这是照例的规矩。我小时候身体不健壮,恰巧又病了几天,那年的年景,不十分好,田里的收成很歉薄。我们家,平常过日子,本已是穷对付,一遇到田里收不多,日子就更不好过,在青黄不接的时候,穷得连粮食都没得吃了,我母亲从早到晚的发愁。等我病好了,母亲对我说:“年头儿这么紧,糊住了嘴再说吧!”家里人手不够用,我留在家,帮着做点事,读了不到一年的书,就此停止了。田里有点芋头,母亲叫我去刨,拿回家,用牛粪煨着吃。后来我每逢画着芋头,总会想起当年的情景,曾经题过一首诗:

一丘香芋暮秋凉,当得贫家谷一仓。

到老莫嫌风味薄,自煨牛粪火炉香。

芋头刨完了，又去掘野菜吃，后来我题画菜诗，也有两句说：

充肚者胜半年粮，得志者忽忘其香。

穷人家的苦滋味，只有穷人自己明白，不是豪门贵族能知道的。

三　从砍柴牧牛到学做木匠(一八七一——一八七七)

同治十年(辛未·一八七一),我九岁。十一年(壬申·一八七二),我十岁。十二年(癸酉·一八七三),我十一岁。这三年,我在家,帮着挑水、种菜、扫地、打杂,闲着就带看我两个兄弟。最主要的是上山砍柴,砍了柴,自己家里有得烧了,还可以卖了钱,补助家用。我那时,不是一个光会吃饭不会做事的闲汉了,但最喜欢做的,却是砍柴。邻居的孩子们,和我岁数差不多的,一起去上山的有的是,我们就成了很好的朋友。上了山,砍满了一担柴,我们在休息时候,常常集合三个人,做"打柴叉"的玩儿。打柴叉是用砍得的柴,每人取出一捆,一头着地,一头靠在一起,这就算是"叉"了。用柴耙远远地轮流掷过去,谁能掷倒了叉,就赢得别人的一捆柴,掷不倒的算是输,也就输掉自己的一捆。三人都掷倒了,或是都没曾掷倒,那是没有输赢。两人掷倒,就平分输的那一捆,每人赢到半捆。最好当然是独自一人赢了,可以得到两捆柴。因为三捆柴并在一起,柴耙又不是很重的,掷倒那个柴叉,并不太容易,一捆柴的输赢,总要玩上好大半天。这是穷孩子们不用花钱的娱乐,我小时候也挺高兴玩的。后来我作客在外,有一年回到家乡,路过山上，看见一群砍柴的孩子，里头有几个相识的邻居，他们的上辈，早年和我一起砍过柴，玩过打柴叉的，我禁不住感伤起来，作了三首诗，末一首道：

来时歧路遍天涯，独到星塘认是家。
我亦君年无累及，群儿欢跳打柴叉。

这诗我收在《白石诗草》卷一里头，诗后我又注道："余生长于星塘老屋，儿时架柴为叉，相离数伍，以柴耙掷击之，叉倒者为赢，可得薪。"大概小时候做的事情，到老总是会回忆的。

我在家里帮着做事，又要上山砍柴，一天到晚，也够忙的，偶或有了闲工夫，我总忘不了读书，把外祖父教过我的几本书，从头至尾，重复地温习。描红纸写完了，祖父给我买了几本黄表纸订成的写字本子，又买了一本木版印的大楷字帖，教我临摹，我每天总要写上一页半页。只是画画，仍是背着人的，写字本上的纸，不敢去撕了，找到了一本祖父记账的旧账簿，把账簿拆开，页数倒是挺多，足够我画一气的。

就这样，一晃，两年多过去了。我十一岁那年，家里因为粮食不够吃，租了人家十几亩田，种上了，人力不够，祖父出的主意，养了一头牛。祖父叫我每天上山，一边牧牛，一边砍柴，顺便捡点粪，还要带着我二弟纯松一块儿去，由我照看，免得他在家碍手碍脚耽误母亲做事。祖母担忧我身体不太好，听了算命瞎子的话，说："水星照命，孩子多灾，防防水星，就能逢凶化吉。"买了一个小铜铃，用红头绳系在我脖子上，对我说："阿芝！带着二弟上山去，好好儿地牧牛砍柴，到晚晌，我在门口等着，听到铃声由远而近，知道你们回来了，煮好了饭，跟你们一块儿吃。"我母亲又取来一块小铜牌，牌上刻着"南无阿弥陀佛"六个字，和铜铃系在一起，说："有了这块牌，山上的豺狼虎豹，妖魔鬼怪，都不敢近身的。"可惜这个铜铃和这块铜牌，在民国初年，家乡兵乱时丢失了。后来我特地另做了一份小型的，系在裤带上，我还刻过一方印章，自称"佩铃人"。又题过一首画牛的诗道：

星塘一带杏花风，黄犊出栏东复东。
身上铃声慈母意，如今亦作听铃翁。

这都是纪念我祖母和母亲当初待我的一番苦心的。

我每回上山，总是带着书本的，除了看牛和照顾我二弟以外，砍柴捡粪，是应做的事，温习旧读的几本书，也成了日常的功课。有一天。尽顾着读书，忘了砍柴，到天黑回家，柴没砍满一担，粪也捡得很少，吃完晚饭，我又取笔写字。祖母憋不住了，对我说："阿芝！你父亲是我的独生子，没有哥哥弟弟，你母亲生了你，我有了长孙了，真把你看作夜明珠、无价宝似的。以为我们家，从此田里地里，添了个好掌作，你父亲有了个好帮手呐！你小时候多病，我和你母亲，急成个什么样子！求神拜佛，烧香磕头，哪一种辛苦没有受过！现在你能砍柴

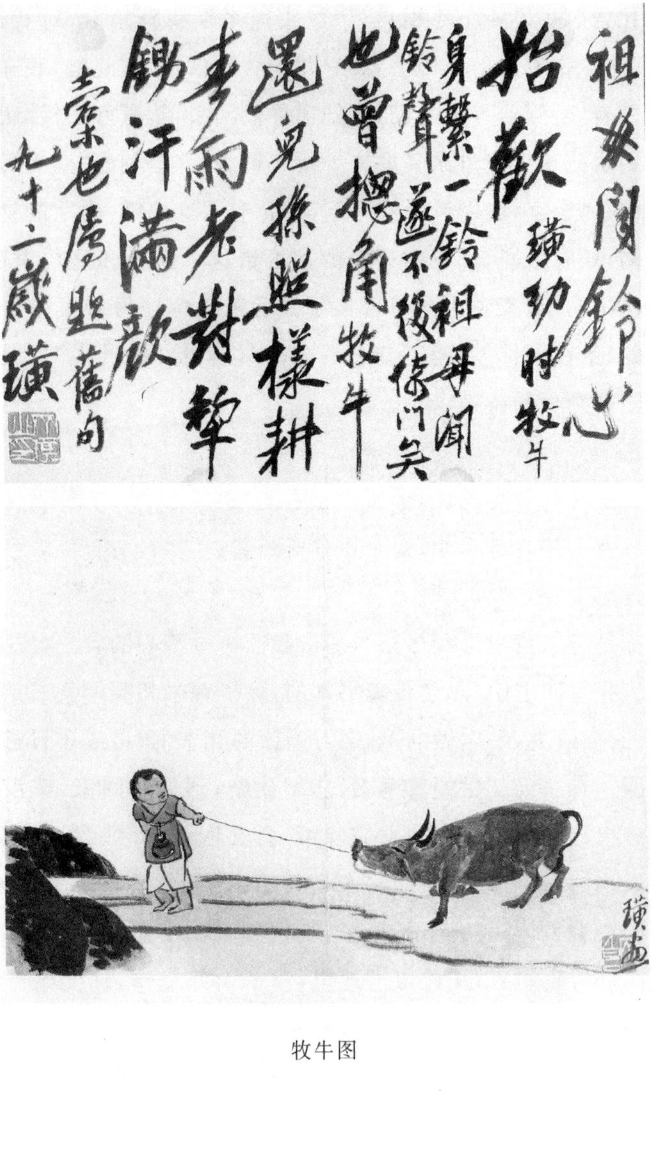
祖母聞鈴心
始歡 璜幼时牧牛
身繫一鈴祖母聞
鈴聲遂不復倚门矣
也曾掛角牧牛
還兒孫照樣耕
春雨老對犂
鋤汗滿顏
九十二歲璜
璜畫

牧牛图

了,家里等着烧用,你却天天只管写字。俗语说得好:三日风,四日雨,哪见文章锅里煮?明天要是没有了米吃,阿芝,你看怎么办呢?难道说,你捧了一本书,或是拿着一支笔,就能饱了肚子吗?唉!可惜你生下来的时候,走错了人家!"

我听了祖母的话,知道她老人家是为了家里贫穷,盼望我多费些力气,多帮助些家用,怕我尽顾着读书写字,把家务耽误了。从此,我上山虽仍带了书去,总把书挂在牛犄角上,等捡足了粪,和满满地砍足了一担柴之后,再取下书来读。我在蒙馆的时候,《论语》没有读完,有不认识的字和不明白的地方,常常趁放牛之便,绕道到外祖父那边,去请问他。这样,居然把一部《论语》,对付着读完了。

同治十三年(甲戌·一八七四)我十二岁。我们家乡的风俗,为了家里做事的人手少,男孩子很小就娶亲,把儿媳妇接过门来交拜天地、祖宗、家长,名目叫做"拜堂"。儿媳妇的岁数,总要比自己的孩子略为大些,为的是能够帮着做点事。等到男女双方,都长大成人了,再拣选一个"好日子",合卺同居,名目叫做"圆房"。在已经拜堂还没曾圆房之时,这位先进门的儿媳妇,名目叫做"童养媳",乡里人也有叫做"养媳妇"的。在女孩子的娘家,因为人口多,家景不好,吃喝穿着,负担不起,又想到女大当嫁,早晚是夫家的人,早些嫁过去,倒省掉一条心,所以也就很小让她过门。不过这都是小门小户人家的穷打算,豪门世族是不多见的。听说,这种风俗,时无分古今,地无分南北,从古如此,遍地皆然,那么,不光是我们湘潭一地所独有的了。

那年正月二十一日，由我祖父祖母和我父亲母亲做主，我也娶了亲啦！我妻娘家姓陈，名叫春君，她是同治元年（壬戌·一八六二）十二月二十六日生的，比我大一岁。她是我的同乡，娘家的光景，当然不会好的，从小就在家里操作惯了，嫁到我家当童养媳，帮助我母亲煮饭洗衣，照看小孩，既勤恳，又耐心。有了闲暇，手里不是一把剪子，就是一把铲子，从早到晚，手不休脚不停的，里里外外，跑出跑进，别看她年纪还小，只有十三岁，倒是料理家务的一把好手。祖父祖母和父亲母亲，都夸她能干，非常喜欢她。我也觉得她好得很，心里乐滋滋的。只因那时候不比现在开通，心里的事，不肯露在脸上，万一给人家闲话闲语，说是“疼媳妇”，那就怪难为情的了，所以我和她，常常我看看她，她看看我，嘴里不说，心里明白而已。

我娶了亲，虽说还是小孩子脾气，倒也觉得挺高兴。不料端阳节那天，我祖父故去了，这真是一个晴天霹雳！想起了祖父用炉钳子划着炉灰教我识字，用黑羊皮袄围抱了我在他怀里暖睡，早送晚接地陪我去上学，这一切情景，都在眼前晃漾。心里头的难过，到了极点，几乎把这颗心，在胸膛子里，要往外蹦出来了。越想越伤心，眼睛鼻子，一阵一阵地酸痛，眼泪止不住了，像泉水似的直往下流。足足地哭了三天三宵，什么东西，都没有下肚。祖母原也是一把眼泪、一把鼻涕地天天在哭泣，看见我这个样子，抽抽噎噎的，反而来劝我：“别这么哭了！

你身体单薄,哭坏了,怎对得起你祖父呢!”父亲母亲也各含着两泡眼泪,对我说:“三天不吃东西,怎么能顶得下去?祖父疼你,你是知道的,你这样糟蹋自己身体,祖父也不会心安的。”他们的话,都有理,只是我克制不了我自己,仍是哭个不停。后来哭得累极了,才呼呼地睡着。

这是我出生以来第一次遭遇到的不幸之事。当时我们家,东凑西挪,能够张罗得出的钱,仅仅不过六十千文,合那时的银圆价,也就是六十来块钱。没有法子,穷人不敢往好处想,只能尽着这六十千文钱,把我祖父身后的大事,从棺殓到埋葬,总算对付过去了。

光绪元年(乙亥·一八七五),我十三岁。二年(丙子·一八七六),我十四岁。这两年,在我祖父故去之后,经过这回丧事,家里的光景,更显得窘迫异常。田里的事情,只有我父亲一人操作,也显得劳累不堪。母亲常对我说:“阿芝呀!我恨不得你们哥儿几个,快快长大了,身长七尺,能够帮助你父亲,糊得住一家人的嘴啊!”我们家乡,煮饭是烧柴灶的,我十三岁那年,春夏之交,雨水特多,我不能上山砍柴,家里米又吃完了,只好掘些野菜用积存的干牛粪煨着吃,柴灶好久没用,雨水灌进灶内,生了许多青蛙。灶内生蛙,可算得一桩奇闻了。我母亲支撑这样一个门庭,实在不是容易的事。

我十四岁那年,母亲又生了我四弟纯培,号叫云林。我妻春君帮着料理家务,侍奉我祖母和我父亲母亲、煮饭洗衣和照看我弟弟,都由她独自担当起来。我小时候身体很不好,祖父在世之时，我不过砍砍柴，牧牧牛，捡捡粪，在家里打打杂，田里的事，一概没有动手过。此刻父亲对我说："你岁数不小了，学学田里的事吧！"他就教我扶犁。我学了几天，顾得了犁，却顾不了牛，顾着牛，又顾不着犁了，来回地折磨，弄得满身是汗，也没有把犁扶好。父亲又叫我跟着他下田，插秧耘稻，整天地弯着腰，在水田里泡，比扶犁更难受。

有一次，干了一天，够我累的，傍晚时候，我坐在星斗塘岸边洗脚，忽然间，脚上痛得像小钳子乱铗，急忙从水里拔起脚来一看，脚趾头上已出了不少的血。父亲说："这是草虾欺侮了我儿啦！"星斗塘里草虾很多，以后我就不敢在塘里洗脚了。

光绪三年（丁丑·一八七七），我十五岁。父亲看我身体弱、力气小，田里的事，实在累不了，就想叫我学一门手艺，预备将来可以糊口养家。但是，究竟学哪一门手艺呢？父亲跟我祖母和我母亲商量过好几次，都没曾决定出一个准主意来。那年年初，有一个乡里人都称他为"齐满木匠"的，是我的本家叔祖，他的名字叫齐仙佑，我的祖母，是他的堂嫂，他到我家来，向我祖母拜年。我父亲请他喝酒。在喝酒的时候，父亲跟他说妥，我去拜他为师，跟他学做木匠手艺。隔了几天，拣了个好日子，父亲领我到仙佑叔祖的家里，行了拜师礼，吃了进师酒，我就算他的正式徒弟了。

仙佑叔祖的手艺，是个粗木作，又名大器作，盖房子立木架是本行，粗糙的桌椅床凳和种田用的犁耙之类，也能做得出来。我就天天拿了斧子锯子这些东西，跟着他学。刚过了清

雨耕图

明节，逢到人家盖房子，仙佑叔祖带了我去给他们立木架，我力气不够，一根大檩子，我不但扛不动，扶也扶不起，仙佑叔祖说我太不中用了，就把我送回家来。父亲跟他说了许多好话，千恳万托地求他收留，他执意不肯，只得罢了。

我在家里，耽了不到一个月，父亲托了人情，又找到了一位粗木作的木匠，名叫齐长龄，领我去拜师。这位齐师傅，也是我们远房的本家，倒能体恤我，看我力气差得很，就说："你好好地练罢！什么事都是练出来的，常练练，就能把力气练出来了。"

记得那年秋天，我跟着齐师傅做完工回来，在乡里的田塍上，远远地看见对面过来三个人，肩上有的背了木箱，有的背着很坚实的粗布大口袋，箱里袋里装的，也都是些斧锯钻凿这一类的家伙，一看就知道是木匠，当然是我们的同行了，我并不在意。想不到走到近身，我的齐师傅垂下了双手，侧着身体，站在旁边，满面堆着笑意，问他们好。他们三个人，却倨傲得很，略微地点了一点头，爱理不理地搭讪着："从哪里来？"齐师傅很恭敬地答道："刚给人家做了几件粗糙家具回来。"交谈了不多几句话，他们头也不回地走了。齐师傅等他们走远，才拉着我往前走。我觉得很诧异，问道："我们是木匠，他们也是木匠，师傅为什么要这样恭敬？"齐师傅拉长了脸说："小孩子不懂得规矩！我们是大器作，做的是粗活，他们是小器作，做的是细活。他们能做精致小巧的东西，还会雕花，这种手艺，不是聪明人，一辈子也学不成的，我们大器作的人，怎敢和他们并起并坐呢?”我听了,心里很不服气,我想:“他们能学,难道我就学不成!”因此,我就决心要去学小器作了。

四　从雕花匠到画匠(一八七八——一八八九)

光绪四年(戊寅·一八七八),我十六岁。祖母因为大器作木匠,非但要用很大力气,有时还要爬高上房,怕我干不了。母亲也顾虑到,万一手艺没曾学成,先弄出了一身的病来。她们跟父亲商量,想叫我换一行别的手艺,照顾我的身体,能够轻松点的才好。我把愿意去学小器作的意思,说了出来,他们都认为可以,就由父亲打听得有位雕花木匠,名叫周之美的,要领个徒弟。这是好机会,托人去说,一说就成功了。我辞了齐师傅,到周师傅那边去学手艺。

这位周师傅,住在周家洞,离我们家,也不太远,那年他三十八岁。他的雕花手艺,在白石铺一带,是很出名的,他用平刀法,雕刻人物,尤其是他的绝技。我跟着他学,他肯耐心地教。说也奇怪,我们师徒二人,真是有缘,处得非常之好。我很佩服他的本领,又喜欢这门手艺,学得很有兴味。他说我聪明,肯用心钻研,觉得我这个徒弟,比任何人都可爱。他是没有儿子,简直的把我当作亲生儿子一样地看待。他又常常对人说:“我这个徒弟,学成了手艺,一定是我们这一行的能手,我做了一辈子的工,将来面子上沾着些光彩,就靠在他的身上啦!”人家听了他的话,都说周师傅名下有个有出息的好徒弟,后来我出师后,人家都很看得起,这是我师傅提拔我的一番好意,我一辈子都忘不了他的。

光绪五年(己卯·一八七九),我十七岁。六年(庚辰·一八八〇),我十八岁。七年(辛巳·一八八一),我十九岁。照我们小器作的行规,学徒期是三年零一节,我因为在学徒期中,生了一场大病,耽误了不少日子,所以到十九岁的下半年,才满期出师。我生这场大病,是在十七岁那年的秋天,病得非常危险,又吐过几口血,只剩得一口气了。祖母和我父亲,急得没了主意直打转。我母亲恰巧生了我弟纯隽,号叫佑五,正在产期,也急得东西都咽不下口。我妻陈春君,嘴里不好意思说,背地里淌了不少的眼泪。后来请到了一位姓张的大夫,一剂“以寒伏火”的药,吃下肚去,立刻就见了效,连服几剂调理的药,病就好了。病好之后,仍到周师傅处学手艺,经过一段较长时间,学会了师傅的平刀法,又琢磨着改进了圆刀法,师傅看我手艺学得很不错,许我出师了。出师是一桩喜事,家里的人都很高兴,祖母跟我父亲母亲商量好,拣了一个好日子,请了几桌客,我和陈春君“圆房”了,从此,我和她才是正式的夫妻。那年我是十九岁,春君是二十岁。

我出师后,仍是跟着周师傅出外做活。雕花工是计件论工的,必须完成了这一件,才能去做那一件。周师傅的好手艺,白石铺附近一百来里的范围内,是没有人不知道的,因此,我的名字,也跟着他,人人都知道了。人家都称我“芝木匠”,

当着面，客气些，叫我“芝师傅”。我因家里光景不好，挣到的钱，一个都不敢用掉，完工回了家，就全部交给我母亲。母亲常常笑着说：“阿芝能挣钱了，钱虽不多，总比空手好得多。”

那时，我们师徒常去的地方，是陈家垅胡家和竹坤黎家。胡黎两姓，都是有钱的财主人家，他们家里有了婚嫁的事情，男家做床橱，女家做妆奁，件数做得很多，都是由我们师徒去做的。有时师傅不去，就由我一人单独去了。还有我的本家齐伯常的家里，我也是常去的。伯常名叫敦元，是湘潭的一位绅士，我到他家，总在他们稻谷仓前做活，和伯常的儿子公甫相识。论岁数，公甫比我小得多，可是我们很谈得来，成了知己朋友。后来我给他画了一张秋姜馆填词图，题了三首诗，其中一首道：

稻粱仓外见君小，草莽声中并我衰。
放下斧斤作知己，前身应作蠹鱼来。

就是记的这件事。

那时雕花匠所雕的花样，差不多都是千篇一律。祖师传下来的一种花篮形式，更是陈陈相因，人家看得很熟。雕的人物，也无非是些麒麟送子、状元及第等一类东西。我以为这些老一辈的玩艺儿，雕来雕去，雕个没完，终究人要看得腻烦的。我就想法换个样子，在花篮上面，加些葡萄、石榴、桃、梅、李、杏等果子，或牡丹、芍药、梅、兰、竹、菊等花木。人物从绣像小说的插图里,勾摹出来,都是些历史故事。还搬用我平日常画的飞禽走兽,草木虫鱼,加些布景,构成图稿。我运用脑子里所想得到的,造出许多新的花样,雕成之后,果然人都夸奖说好。我高兴极了,益发地大胆创造起来。

那时,我刚出师不久,跟着师傅东跑西转,倒也一天没有闲过。只因年纪还轻,名声不大,挣的钱也就不会太多。家里的光景,比较头二年,略为好些,但因历年积累的亏空,短时间还弥补不上,仍显得很不宽裕。我妻陈春君一面在家料理家务,一面又在屋边空地,亲手种了许多蔬菜,天天提了木桶,到井边汲水。有时肚子饿得难受,没有东西可吃,就喝点水,算是搪搪饥肠。娘家来人问她:“生活得怎样?”她总是说:“很好!”不肯露出丝毫穷相。她真是一个挺得起脊梁顾得住面子的人!可是我们家的实情,瞒不过隔壁的邻居们,有一个惯于挑拨是非的邻居女人,曾对春君说过:“何必在此吃辛吃苦,凭你这样一个人,还找不到有钱的丈夫!”春君笑着说:“有钱的人,会要有夫之妇?我只知命该如此,你也不必为我妄想!”春君就是这样甘熬穷受苦,没有一点怨言的。

光绪八年(壬午·一八八二),我二十岁。仍是肩上背了个木箱,箱里装着雕花匠应用的全套工具,跟着师傅,出去做活。在一个主顾家中,无意间见到一部乾隆年间翻刻的《芥子园画谱》,五彩套印,初二三集,可惜中间短了一本。虽是残缺不全,但从第一笔画起,直到画成全幅,逐步指说,非常切合实用。我仔细看了一遍,才觉着我以前画的东西,实在要不得,

选临《芥子园画谱》

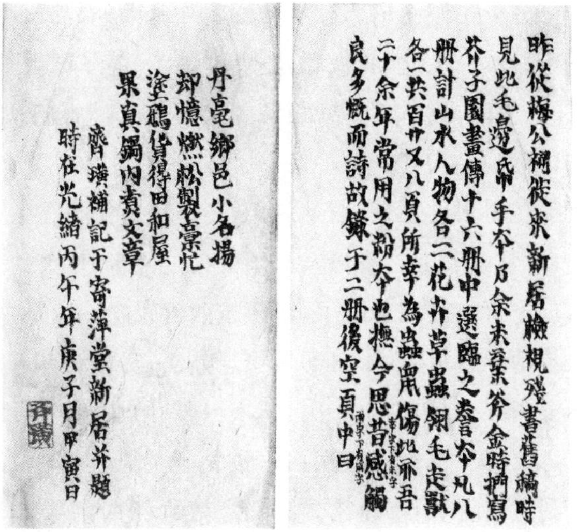
昨從梅公祠從來新居檢視殘書舊稿時
見此毛邊紙手本乃余未業斧金時捫寫
芥子園畫傳十六冊中選臨之叁本凡八
冊計山水人物各二花卉草蟲翎毛走獸
各一共百廿又八頁所幸為蟲鼠傷此亦吾
二十余年常用之粉本也撫今思昔感觸
良多慨而詩故錄于二冊後空頁中曰
幸字下有未字

丹青鄉邑小名揚
却憶燃松製稿忙
塗鴉貨得田和屋
果真鍋內責文章
齊璜補記于寄萍堂新居并題
時在光緒丙午年庚子月甲寅日

选临《芥子园画谱》题记

画人物，不是头大了，就是脚长了，画花卉，不是花肥了，就是叶瘦了，较起真来，似乎都有点小毛病，有了这部画谱，好像是捡到了一件宝贝，就想从头学起，临它个几十遍。转念又想：书是别人的，不能久借不还，买新的，湘潭没处买，长沙也许有，价码可不知道，怕有也买不起。只有先借到手，用早年勾影雷公像的方法，先勾影下来，再仔细琢磨。

想准了主意，就向主顾家借了来，跟母亲商量，在我挣来的工资里，匀出些钱，买了点薄竹纸和颜料毛笔，在晚上收工回家的时候，用松油柴火为灯，一幅一幅地勾影。足足画了半年，把一部《芥了园画谱》，除了残缺的一本以外，都勾影完了，钉成了十六本。从此，我做雕花木活，就用《芥子园画谱》作根据，花样既推陈出新，不是死板板的老一套，画也合乎规格，没有不相匀称的毛病了。

我雕花得来的工资，贴补家用，还是微薄得很。家里缺米少柴的，时常闹着穷。我母亲为了开门七件事，竟天的愁眉不展。祖母宁可自己饿着肚子，留了东西给我吃。我是个长子，又是出了师学过手艺的人，不另想想办法，实在看不下去。只得在晚上闲暇之时，匀出工夫，凭我一双手，做些小巧玲珑的玩艺儿，第二天一清早，送到白石铺街上的杂货店里，许了他们一点利益，托他们替我代卖。我常做的，是一种能装旱烟也能装水烟的烟盒子，用牛角磨得光光的，配着能活动开关的盖子，用起来很方便，买的人倒也不少。大概两三个晚上，我能做成一个，除了给杂货店掌柜二成的经手费以外，每个我还能得到一斗多米的钱。那时，乡里流行的，旱烟吸叶子烟，水烟吸条丝烟。我旱烟水烟，都学会吸了，而吸得有了瘾。我卖掉了自己做的牛角烟盒子，吸烟的钱，就有了着落啦，连烧料烟嘴的旱烟管，和吸水烟用的铜烟袋，都赚了出来。剩余的钱，给了我母亲，多少济一些急，但是还救不了根本的穷，不过聊胜于无而已。

光绪九年(癸未・一八八三)，我二十一岁。那年，春君怀了孕，怀的是头一胎。恰巧家里缺柴烧，我们星斗塘老屋，后面是靠着紫云山，她拿了把厨刀，跑到山上去砍松枝。她这时，快要生产了，拖着笨重的身子，上山很费力，就用两手在地上爬着走，总算把柴砍得了，拿回来烧。到了九月，生了个女孩，这是我们的长女，取名菊如，后来嫁给了姓邓的女婿。

我在早先上山砍柴时候，交上一个朋友，名叫左仁满，是白石铺胡家坤的人，离我们家很近。他岁数跟我差不多，我学做木匠那年，他也从师学做篾匠手艺，他出师比我早几个月，现在我们都长大了，他也娶了老婆，有了孩子，我们歇工回来，仍是常常见面，交情倒越交越深。他学成了一手编竹器的好手艺，家庭负担比较轻，生活上比我略微好一些。他是喜欢吹吹弹弹的，能拉胡琴，能吹笛子，能弹琵琶，能打板鼓。还会唱几句花鼓戏，几段小曲儿。我们常在一起玩，他吹弹拉唱，我就画画写字。有时他叫我教他画画，他也教我弹唱。乡里有钱的人，常往城里跑，去找玩儿的，我们是穷孩子出身，闲暇时候，只能做这样不花钱的消遣。我后来喜欢听戏，也会唱几支小曲，都是那时候受了左仁满的影响。

光绪十年(甲申·一八八四)，我二十二岁。十一年(乙酉·一八八五)，我二十三岁。十二年(丙戌·一八八六)，我二十四岁。十三年(丁亥·一八八七)，我二十五岁。十四年(戊子·一八八八)，我二十六岁。这五年，我仍是做着雕花活为生，有时也还做些烟盒子一类的东西。我自从有了一部自己勾影出来的《芥子园画谱》，翻来覆去地临摹了好几遍，画稿积存了不少。乡里熟识的人知道我会画，常常拿了纸，到我家来请我画。在雕花的主顾家里，雕花活做完以后，也有留着我

群仙图

不放我走，请我画的，凡是请我画的，多少都有点报酬，送钱的也有，送礼物的也有。我画画的名声，跟做雕花活的名声，一样地在白石铺一带传开了去。人家提到了芝木匠，都说是画得挺不错。

我平日常说："说话要说人家听得懂的话，画画要画人家看见过的东西。"我早先画过雷公像，那是小孩子的淘气，闹着玩的，知道了雷公是虚造出来的，就此不再去画了。但是我画人物，却喜欢画古装，这是《芥子园画谱》里有的，古人确是穿着过这样衣服，看了戏台上唱戏的打扮，我就照它画了出来。

我的画在乡里出了点名，来请我画的，大部分是神像功对，每一堂功对，少则四幅，多的有到二十幅的。画的是玉皇、老君、财神、火神、灶君、阎王、龙王、灵官、雷公、电母、雨师、风伯、牛头、马面和四大金刚、哼哈二将之类，这些位神仙圣佛，谁都没见过他们的本来面目。我原是不喜欢画的，因为画成了一幅，他们送我一千来个钱，合银元块把钱，在那时的价码，不算少了，我为了挣钱吃饭，又却不过乡亲们的面子，只好答应下来，以意为之。有的画成一团和气，有的画成满脸煞气。和气好画，可以采用《芥子园》的笔法；煞气可麻烦了，绝不能都画成雷公似的，只得在熟识的人中间，挑选几位生有异相的人，作为蓝本，画成以后，自己看着，也觉可笑。我在枫林亭上学的时候，有几个同学，生得怪头怪脑的，现在虽说都已长大了，面貌究竟改变不了多少，我就不问他们同意不同意，偷偷地都把他们画上去了。

我在二十六岁那年的正月，我母亲生了我六弟纯楚，号叫宝林。我们家乡，把最小的叫做“满”，纯楚是我最小的兄弟，我就叫他满弟。我母亲一共生了我弟兄六人，又生了我三个妹妹，我们家，连同我祖母，我父亲母亲，和春君，我的长女菊如。老老小小，十四口人了。父亲同我二弟纯松下田耕作，我在外边做工，三弟纯藻在一所道士观里给人家烧煮茶饭，别的弟妹，大一些的，也牧牛的牧牛，砍柴的砍柴，倒是没有一个闲着的。祖母已是七十七岁的人，只能在家里看看孩子，做些轻微的事情。春君整天忙着家务，忙里偷闲，养了一群鸡鸭，又种了许多瓜豆蔬菜，有时还帮着我母亲纺纱织布。她夏天纺纱，总是在葡萄架下阴凉的地方，我有时回家，也喜欢在那里写字画画，听了她纺纱的声音，觉得聒耳可厌，后来我常常远游他乡，老来回忆，想听这种声音，已是不可再得。因此我前几年写过一首诗道：

山妻笑我负平生，世乱身衰重远行。
年少厌闻难再得，葡萄阴下纺纱声。

我母亲纺纱织布，向来是一刻不闲。尤其使她为难的，是全家的生活重担，都由她双肩挑着，天天移东补西，调排用度，把这点微薄的收入，糊住十四个嗷嗷待哺的嘴，真够她累心累力的。

三弟纯藻，也是为了糊住自己的嘴，多少还想挣些钱来，贴补家用,急于出外做工,他托了一位远房本家,名叫齐铁珊的,荐到一所道士观中,给他们煮饭打杂。齐铁珊是齐伯常的弟弟,我的好朋友齐公甫的叔叔,他那时正同几个朋友,在道士观内读书。我因为三弟的缘故,常到道士观去闲聊,和铁珊谈得很投机。

我画神像功对,铁珊是知道的,每次见了我面,总是先问我:"最近又画了多少?画的是什么?"我做雕花活,他倒不十分关心,他好像专门关心我的画。有一次,他对我说:"萧芗陔快到我哥哥伯常家里来画像了,我看你何不拜他为师!画人像,总比画神像好一些。"

我也素知这位萧芗陔的大名,只是没有会见过,听了铁珊这么一说,我倒动了心啦。不多几天,萧芗陔果然到了齐伯常家里来了,我画了一幅李铁拐像,送给他看,并托铁珊、公甫叔侄俩,代我去说,愿意拜他为师。居然一说就合,等他完工回去,我就到他家去,正式拜师。这位萧师傅,名叫传鑫,芗陔是他的号,住在朱亭花钿,离我们家有一百来里地,相当的远。他是纸扎匠出身,自己发愤用功,经书读得烂熟,也会作诗,画像是湘潭第一名手,又会画山水人物。他把拿手本领,都教给了我,我得他的益处不少。他又介绍他的朋友文少可和我相识,也是个画像名手,家住在小花石。这位文少可也很热心,他的得意手法,都端给我看,指点得很明白。我对于文少可,也很佩服,只是没有拜他为师。我认识了他们二位,画像这一项,就算有了门径了。

沁园忆旧图

那年冬天,我到赖家垅衙里去做雕花活。赖家垅离我们家,有四十多里地,路程不算近,晚上就住在主顾家里。赖家垅在佛祖岭的山脚下,那边住的人家,都是姓赖的,衙里是我们家乡的土话,就是聚族而居的意思。我每到晚上,照例要画画的,赖家的灯火,比我家里的松油柴火,光亮得多,我就着灯盏画了几幅花鸟,给赖家的人看见了,都说:"芝师傅不是光会画神像功对的,花鸟也画的生动得很。"于是就有人来请我给他女人画鞋头上的花样,预备画好了去绣的。又有人说:"我们请寿三爷画个帐檐,往往等了一年半载,还没曾画出来,何不把我们的竹布取回来,就请芝师傅画画呢?"我光知道我们杏子坞有个绅士,名叫马迪轩,号叫少开,他的连襟姓胡,人家都称他寿三爷,听说是竹坤韶塘的人,离赖家垅不过两里多地,他们所说的,大概就是此人。我听了他们的话,当时却并未在意。到了年底,雕花活没有做完,留着明年再做,我就辞别了赖家,回家过年。

光绪十五年(己丑·一八八九),我二十七岁。过了年,我仍到赖家垅去做活。有一天,我正在雕花,赖家的人来叫我,说:"寿三爷来了,要见见你!"我想:"这有什么事呢?"但又不能不去。见了寿三爷,我照家乡规矩,叫了他一声"三相公"。寿三爷倒也挺客气,对我说:"我是常到你们杏子坞去的,你的邻居马家,是我的亲戚,常说起你:人很聪明,又能用功。只因你常在外边做活,从没有见到过,今天在这里遇上了,我也看到你的画了,很可以造就!"又问我:"家里有什么人?读过书没有?”还问我:“愿不愿再读读书,学学画?”我一一地回答,最后说:“读书学画,我是很愿意,只是家里穷,书也读不起,画也学不起。”寿三爷说:“那怕什么? 你要有志气,可以一面读书学画,一面靠卖画养家,也能对付得过去。你如愿意的话,等这里的活做完了,就到我家来谈谈!”我看他对我很诚恳,也就答应了。

这位寿三爷,名叫胡自倬,号叫沁园,又号汉槎。性情很慷慨,喜欢交朋友,收藏了不少名人字画,他自己能写汉隶,会画工笔花鸟草虫,作诗也作得很清丽。他家附近,有个藕花池,他的书房就取名“藕花吟馆”,时常邀集朋友,在内举行诗会,人家把他比作孔北海,说是:“座上客常满,樽中酒不空。”他们韶塘胡姓,原是有名的财主,但是寿三爷这一房,因为他提倡风雅,素广交游,景况并不太富裕,可见他的人品,确是很高的。我在赖家垅完工之后,回家说了情形,就到韶塘胡家。那天正是他们诗会的日子,到的人很多。寿三爷听说我到了,很高兴,当天就留我同诗会的朋友们一起吃午饭,并介绍我见了他家延聘的教读老夫子。这位老夫子,名叫陈作埙,号叫少蕃,是上田坤的人,学问很好,湘潭的名士。吃饭的时候,寿三爷又问我:“你如愿意读书的话,就拜陈老夫子的门吧! 不过你父母知道不知道?”我说:“父母倒也愿意叫我听三相公的话,就是穷……”话还没说完,寿三爷拦住了我,说:“我不是跟你说过,你就卖画养家! 你的画,可以卖出钱来,别担忧!”我说:“只怕我岁数大了,来不及。”寿三爷又说:“你是读过《三字经》的！苏老泉，二十七，始发愤，读书籍。你今年二十七岁，何不学学苏老泉呢?”陈老夫子也接着说:“你如果愿意读书，我不收你的学俸钱。”同席的人都说:“读书拜陈老夫子，学画拜寿三爷，拜了这两位老师，还怕不能成名!”我说:“三相公栽培我的厚意，我是感激不尽。”寿三爷说:“别三相公了！以后就叫我老师吧!”当下，就决定了。吃过了午饭，按照老规矩，先拜了孔夫子，我就拜了胡陈二位，做我的老师。

我拜师之后，就在胡家住下，两位老师商量了一下，给我取了一个名字，单名叫做“璜”，又取了一个号，叫做“濒生”，因为我住家与白石铺相近，又取了个别号，叫做“白石山人”，预备题画所用。少蕃师对我说:“你来读书，不比小孩子上蒙馆了，也不是考秀才赶科举的，画画总要会题诗才好，你就去读《唐诗三百首》吧！这部书，雅俗共赏，从浅的说，入门很容易，从深的说，也可以钻研下去，俗话常说，熟读唐诗三百首，不会吟诗也会吟，这话不是完全没有道理的。诗的一道，本是易学难工，你能专心用功，一定很有成就。常言道，有志者，事竟成。又道，天下无难事，只怕有心人，天下事的难不难，就看你的有心没心了!”

从那天起，我就读《唐诗三百首》了。我小时候读过《千家诗》，几乎全部都能背出来，读了《唐诗三百首》，上口就好像见到了老朋友，读得很有味。只是我识字不多，有很多生字，不容易记熟，我想起一个笨法子，用同音的字，注在书页下端的后面，温习的时候，一看就认得了。这种法子，我们家乡叫做

“白眼字”，初上学的人，常有这么用的。过了两个来月，少蕃师问我：“读熟几首了？”我说：“差不多都读熟了。”他有些不信，随意抽问了几首，我都一字不遗地背了出来。他说：“你的天分，真了不起！”实在说来，是他的教法好，讲了读，读了背，背了写，循序而进，所以读熟一首，就明白一首的意思，这样既不会忘掉，又懂得好处在哪里。《唐诗三百首》读完之后，接着读了《孟子》。少蕃师又叫我在闲暇时，看看《聊斋志异》一类的小说，还时常给我讲讲唐宋八家的古文。我觉得这样的读书，真是人生最大的乐趣了。

芙蓉蝴蝶

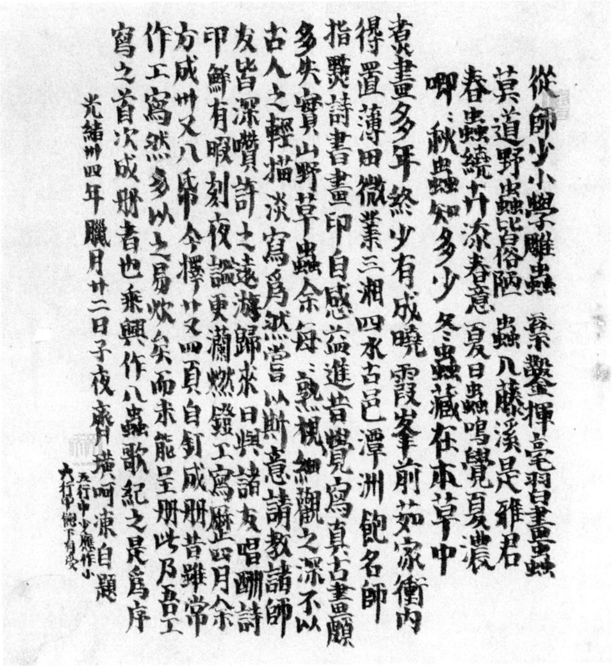

從師少小學雕蟲　棄鑿揮毫羽畫蟲
莫道野蟲皆俗陋　蟲入蘇溪是雅君
春蟲繞卉添春意　夏日蟲鳴覺夏濃
唧唧秋蟲知多少　冬蟲藏在本草中
余畫多年終少有成曉霞峯前茹家衝内
得置薄田微業三湘四水古邑潭洲飽名師
指點詩書畫印自感益進昔覺寫真古畫顯
多失實山野草蟲余每每觀細觀之深不以
古人之輕描淡寫爲然嘗以斯意請教諸師
友皆深讚許之遂滿歸來日與諸友唱酬詩
印辭有暇刻夜讖更瀾燃燈工寫歷四月余
方成卅又八種今擇廿又四頁自釘成冊昔雖常
作工寫然多以之易炊矣而未能呈冊此乃吾工
寫之首次成冊者也乘興作八蟲歌紀之是爲序
光緒卅四年臘月廿二日子夜齊璜阿溱自題
五行中少雕作小

《工笔草虫册》题记

我跟陈少蕃老师读书的同时，又跟胡沁园老师学画，学的是工笔花鸟草虫。沁园师常对我说：“石要瘦，树要曲，鸟要活，手要熟。立意、布局、用笔、设色，式式要有法度，处处要合规矩，才能画成一幅好画。”他把珍藏的古今名人字画，叫我仔细观摹。又介绍了一位谭荔生，叫我跟他学画山水，这位谭先生，单名一个“溥”字，别号瓮塘居士，是他的朋友。我常常画了画，拿给沁园师看，他都给我题上了诗。他还对我说：“你学学作诗吧！光会画，不会作诗，总是美中不足。”那时正是三月天气，藕花吟馆前面，牡丹盛开。沁园师约集诗会同人，赏花赋诗，他也叫我加入。我放大了胆子，作了一首七绝，交了上去，恐怕作得太不像样，给人笑话，心里有些跳动。沁园师看了，却面带笑容，点着头说：“作得还不错！有寄托。”说着，又念道：“莫羡牡丹称富贵，却输梨橘有余甘。这两句不但意思好，十三谭的甘字韵，也押得很稳。”说得很多诗友都围拢上来，大家看了，都说：“濒生是有聪明笔路的，别看他根基差，却有性灵。诗有别才，一点儿不错！”

这一炮，居然放响，是我料想不到的。从此，我摸索得了作诗的诀窍，常常作了，向两位老师请教。当时常在一起的，除了姓胡的几个人，其余都是胡家的亲戚，一共有十几个人，只有我一人，不是胡家的亲故，他们倒都跟我处得很好，他们大部分是财主人家的子弟，至不济的也是小康之家，比我的家景，总要强上十倍，他们并不嫌我出身寒微，一点没有看不起我的意思，后来都成了我的好朋友。

那年七月十一日，春君生了个男孩，这是我们的长子，取名良元，号叫伯邦，又号子贞。我在胡家，读书学画，有吃有住，心境安适得很，眼界也广阔多了，只是想起了家里的光景，绝不能像在胡家认识的一般朋友们的胸无牵挂。干雕花手艺，本是很费事的，每一件总得雕上好多日子，把身子困住了，别的事就不能再做。画画却不一定有什么限制，可以自由自在地，有闲暇就画，没闲暇就罢，画起来，也比雕花省事得多。

就觉得沁园所说的"卖画养家"这句话。确实是既方便,又实惠。

那时照相还没盛行,画像这一行手艺,生意是很好的。画像,我们家乡叫做描容,是描画人的容貌的意思。有钱的人,在生前总要画几幅小照玩玩,死了也要画一幅遗容,留作纪念。我从萧芗陔师傅和文少可那里,学会了这行手艺,还没有给人画过,听说画像的收入,比画别的来得多,就想开始干这一行了。沁园师知道我这个意思,到处给我吹嘘,韶塘附近一带的人,都来请我去画,一开始,生意就很不错。每画一个像,他们送我二两银子,价码不算太少,但是有些爱贪小便宜的人,往往在画像之外,叫我给他们女眷画些帐檐、袖套、鞋样之类。甚至叫我画幅中堂,画堂屏条,算是白饶。好在这些东西,我随便画上几笔,倒也并不十分费事。我们湘潭风俗,新丧之家,妇女们穿的孝衣,都把袖头翻起,画上些花样,算做装饰。这种零碎玩艺儿,更是画遗容时必须附带着画的,我也总是照办了。后来我又琢磨出一种精细画法,能够在画像的纱衣里面,透现出袍褂上的团龙花纹,人家都说,这是我的一项绝技。人家叫我画细的,送我四两银子,从此就作为定例。我觉得画像挣的钱,比雕花多,而且还省事,因此,我就扔掉了斧锯钻凿一类家伙,改了行,专做画匠了。

五　诗画篆刻渐渐成名(一八九〇——一九〇一)

光绪十六年(庚寅·一八九〇),我二十八岁。十七年(辛卯·一八九一),我二十九岁。十八年(壬辰·一八九二),我三十岁。十九年(癸巳·一八九三),我三十一岁。二十年(甲午·一八九四),我三十二岁。这五年,我仍靠着卖画为生,来往于杏子坞韶塘周围一带。在我刚开始画像的时候,家景还是不很宽裕,常常为了灯盏缺油,一家子摸黑上床。有位朋友黎丹,号叫雨民,是沁园师的外甥,到我家来看我,留他住下,夜无油灯,烧了松枝,和他谈诗。另一位朋友王训,也是沁园师的亲戚,号叫仲言,他的家里有一部白香山《长庆集》,我借了来,白天没有闲暇,只有晚上回了家,才能阅读,也因家里没有灯油,烧了松柴,借着柴火的光亮,对付着把它读完。后来我到了七十岁时,想起了这件事,作过一首《往事示儿辈》的诗,说:

村书无角宿缘迟,廿七年华始有师。
灯盏无油何害事,自烧松火读唐诗。

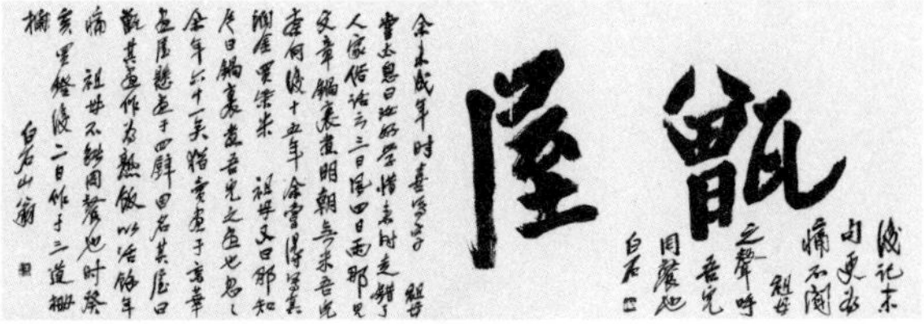

甑屋题额

没有读书的环境,偏有读书的嗜好,你说,穷人读一点书,容易不容易?

我三十岁以后,画像画了几年,附近百来里地的范围以内,我差不多跑遍了东西南北。乡里的人,都知道芝木匠改行做了画匠,说我画的画,比雕的花还好。生意越做越多,收入也越来越丰,家里靠我这门手艺,光景就有了转机,母亲紧皱了半辈子的眉毛,到这时才慢慢地放开了。祖母也笑着对我说:"阿芝!你倒没有亏负了这支笔,从前我说过,哪见文章锅里煮,现在我看见你的画,却在锅里煮了!"我知道祖母是说的高兴话,就画了几幅画,挂在屋里,又写了一张横幅,题了"甑屋"两个大字,意思是:"可以吃得饱啦,不至于像以前锅里空空的了。"

那时我已并不专搞画像,山水人物,花鸟草虫,人家叫我画的很多,送我的钱,也不比画像少。尤其是仕女,几乎三天两朝有人要我画的,我常给他们画些西施、洛神之类。也有人点景要画细致的,像文姬归汉、木兰从军等等,他们都说我画得很美,开玩笑似的叫我"齐美人"。老实说,我那时画的美

持扇仕女

人,论笔法,并不十分高明,不过乡人光知道表面好看,家乡又没有比我画得好的人,我就算独步一时了。常言道"蜀中无大将,廖化作先锋",他们这样抬举我,说起来,真是惭愧得很。但是,也有一批势利鬼,看不起我是木匠出身,画是要我画了,却不要我题款。好像是:画是风雅的东西,我是算不得斯文中人,不是斯文人,不配题风雅画。我明白他们的意思,觉得很可笑,本来不愿意跟他们打交道,只是为了挣钱吃饭,也就不去计较这些。他们既不少给我钱,题不题款,我倒并不在意。

我们家乡,向来是没有裱画铺的,只有几个会裱画的人,在四乡各处,来来往往,应活做工,萧芗陔师傅就是其中的一人。我在沁园师家读书的时候,沁园师曾把萧师傅请到家里,一方面叫他裱画,一方面叫大公子仙逋,跟他学做这门手艺。特地匀出了三间大厅,屋内中间,放着一张尺码很长很大的红漆桌子,四壁墙上,钉着平整干净的木板格子,所有轴干、轴头、别子、绫绢、丝绦、宣纸,以及排笔、糨糊之类,置备得齐齐备备,应有尽有。沁园师对我说:"濒生,你也可以学学!你是一个画家,学会了,装裱自己的东西,就透着方便些。给人家做做活,也可以作为副业谋生。"沁园师处处为我打算,真是无微不至。我也觉得他的话,很有道理,就同仙逋,跟着萧师傅,从托纸到上轴,一层一层的手续,都学会了。

乡里裱画,全绫挖嵌的很少,讲究的,也不过"绫镶圈"、"绫镶边"而已,普通的都是纸裱。我反复琢磨,认为不论绫裱纸裱,关键全在托纸,托得匀整平贴,挂起来,才不会有卷边抽缩、弯腰驼背等毛病。比较难的，是旧画揭裱。揭要揭得原件不伤分毫，裱要裱得清新悦目，遇有残破的地方，更要补得天衣无缝。一般裱画，只会裱新的，不会揭裱旧画，萧师傅是个全才，裱新画是小试其技，揭裱旧画是他的拿手本领。我跟他学了不少日子，把揭裱旧画的手艺也学会了。

我三十二岁那年，二月二十一日，春君又生了个男孩，这是我们的次子，取名良黼，号叫子仁。我自从在沁园师家读书以后，由于沁园师的吹嘘，朋友们的介绍，认识的人，渐渐地多了。住在长塘的黎松安，名培銮，又名德恂，是黎雨民的本家。那年春天，松安请我去画他父亲的遗像，他父亲是上年故去的。王仲言在他们家教家馆，彼此都是熟人，我就在松安家住了好多时候。长塘在罗山的山脚下，杉溪的后面，溪水从白竹坳来，风景很幽美。那时，松安的祖父还在世，他老先生是会画几笔山水的，也收藏了些名人字画，都拿了出来给我看，我就临摹了几幅。朋友们知道我和王仲言都在黎松安家，他们常来相叙，仲言发起组织了一个诗会，约定集会地点，在白泉棠花村罗真吾、醒吾弟兄家里。真吾名天用，他的弟弟醒吾名天觉，是沁园师的侄婿，我们时常在一起，都是很相好的。

讲实在的话，他们的书底子，都比我强得多，作诗的功夫，也比我深得多。不过那时是科举时代，他们多少有点弋取功名的心理，试场里用得着的是试帖诗，他们为了应试起见，都对试帖诗有相当研究，而且都曾下了苦功揣摩过的。试帖诗虽是工稳妥帖，又要圆转得体，作起来确是不很容易，但过于拘泥板滞,一点儿不见生气。我是反对死板板无生气的东西的,作诗讲究性灵,不愿意像小脚女人似的扭捏作态。因此,各有所长,也就各做一派。他们能用典故,讲究声律,这是我比不上的,若说作些陶写性情、歌咏自然的句子,他们也不一定比我好了。

我们的诗会,起初本是四五个人,随时集在一起,谈诗论文,兼及字画篆刻,音乐歌唱,倒也兴趣很浓,只是没有一定日期,也没有一定规程。到了夏天,经过大家讨论,正式组成了一个诗社,借了五龙山的大杰寺内几间房子,作为社址,就取名为龙山诗社。五龙山在中路铺白泉的北边,离罗真吾、醒吾弟兄所住的棠花村很近。大杰寺是明朝就有的,里边有很多棵银杏树,地方清静幽雅,是最适宜避暑的地方。诗社的主干,除了我和王仲言、罗真吾、醒吾弟兄,还有陈茯根、谭子荃、胡立三,一共是七个人,人家称我们为龙山七子。陈茯根名节,板桥人,谭子荃是罗真吾的内兄,胡立三是沁园师的侄子,都是常常见面的好朋友。他们推举我做社长,我怎么敢当呢?他们是世家子弟,学问又比我强,叫我去当头儿,好像是存心跟我开玩笑,我是坚辞不干。王仲言对我说:"濒生,你太固执了!我们是论齿,七人中,年纪是你最大,你不当,是谁当了好呢?我们都是熟人,社长不过应个名而已,你还客气什么?"他们都附和王仲言的话,说我客气得无此必要。我没法推辞,只得答允了。

社外的诗友,却也很多,常常来的,有黎松安、黎薇荪、黎

龙山七子图

雨民、黄伯魁、胡石庵、吴刚存等诸人,也都是我们向来极相熟的。只有一个名叫张登寿,号叫仲飏的,是我新认识的。这位张仲飏,出身跟我一样寒微,年轻时学过铁匠,也因自己发愤用功,读书读得很有一点成就,拜了我们湘潭的大名士王湘绮先生做老师,经学根底很深,诗也作得非常工稳。乡里的一批势利鬼,背地里仍有叫他张铁匠的。这和他们在我改行以后,依旧叫我芝木匠,是一样轻视的意思。我跟他,都是学过手艺的人,一见面就很亲热,交成了知己朋友。

光绪二十一年(乙未・一八九五),我三十三岁。黎松安家里,也组成了一个诗社。松安住在长塘,对面一里来地,有座罗山,俗称罗网山,因此,取名为"罗山诗社"。我们龙山诗社的主干七人,和其他社外诗友,也都加入,时常去作诗应课。两山相隔,有五十来里地,我们跑来跑去,并不嫌着路远,那年,我们家乡遭逢了很严重的旱灾,田里的庄稼,都枯焦得不成样子,秋收是没有把握的了,乡里的饥民,就一群一群的到有钱人家去吃饭。我们家乡的富裕人家,家里都有谷仓,存着许多稻谷,年年吃掉了旧的,再存新的,永远是满满的仓,这是古人所说积谷防饥的意思。可是富裕人家,究属是少数,大多数的人们,平日糊得上嘴,已不容易,哪有力量积存稻谷,逢到灾荒,就没有饭吃,为了活命,只有去吃富户的一法。他们去的时候,排着队伍,鱼贯而进,倒也很守秩序,不是乱抢乱撞的。到了富户家里,自己动手开仓取谷,打米煮饭,但也不是把富户的存谷,完全吃光,吃了几顿饱饭,又往别的地方,换个人家去吃。乡里人称他们为“吃排饭”。但是他们一群去了，另一群又来，川流不息地来来去去，富户存的稻谷，归根结底，虽没吃光，也就吃得所剩无几了。我们这些诗友，恰巧此时陆续地来到黎松安家，本是为了罗山诗社来的，附近的人，不知底细，却造了许多谣言，说是长塘黎家，存谷太多，连一批破靴党（意指不安本分的读书人）都来吃排饭了。

那时，龙山诗社从五龙山的大杰寺内迁出，迁到南泉坤黎雨民的家里。我往来于龙山、罗山两诗社，他们都十分欢迎。这其间另有一个原因，原因是什么呢？他们要我造花笺。我们家乡，是买不到花笺的，花笺是家乡土话，就是写诗的诗笺。两个诗社的社友，都是少年爱漂亮，认为作成了诗，写的是白纸，或是普通的信笺，没有写在花笺上，觉得是一件憾事，有了我这个能画的人，他们就跟我商量了。我当然是义不容辞，立刻就动手去做，用单宣和官堆一类的纸，裁八行信笺大小，在晚上灯光之下，一张一张地画上几笔，有山水，也有花鸟，也有草虫，也有鱼虾之类，着上了淡淡的颜色，倒也雅致得很。我一晚上能够画出几十张，一个月只要画上几个晚上，分给社友们写用，就足够的了。王仲言常常对社友说：“这些花笺，是濒生辛辛苦苦造成的，我们写诗的时候，一定要仔细地用，不要写错。随便糟蹋了，非但是怪可惜的，也对不起濒生熬夜的辛苦！”

说起这花笺，另有一段故事：在前几年，我自知文理还不甚通顺，不敢和朋友们通信，黎雨民要我跟他书信往来，特意送了我一些信笺,逼着我给他写信,我就从此开始写起信来,这确是算得我生平的一个纪念。不过雨民送我的,是写信用的信笺,不是写诗用的花笺。为了谈起造花笺的事,我就想起黎雨民送我信笺的事来了。

光绪二十二年(丙申·一八九六),我三十四岁。我起初写字,学的是馆阁体,到了韶塘胡家读书以后,看了沁园、少蕃两位老师,写的都是道光年间,我们湖南道州何绍基一体的字,我也跟着他们学了。又因诗友们,有几位会写钟鼎篆隶,兼会刻印章的,我想学刻印章,必须先会写字,因之我在闲暇时候,也常常写些钟鼎篆隶了。前二年,我在人家画像,遇上了一个从长沙来的人,号称篆刻名家,求他刻印的人很多,我也拿了一方寿山石,请他给我刻个名章。隔了几天,我去问他刻好了没有。他把石头还了给我,说:"磨磨平,再拿来刻!"我看这块寿山石,光滑平整,并没有什么该磨的地方,既是他这么说,我只好磨了再拿去。他看也没看,随手搁在一边。又过了几天,再去问他,仍旧把石头扔还给我,说:"没有平,拿回去再磨磨!"我看他倨傲得厉害,好像看不起我这块寿山石,也许连我这个人,也不在他的眼中。我想:何必为了一方印章,自讨没趣。我气愤之下,把石头拿回来,当夜用修脚刀,自己把它刻了。第二天一早,给那家主人看见,很夸奖地说:"比了这位长沙来的客人刻的,大有雅俗之分。"我虽觉得高兴,但也自知,我何尝懂得篆法刀法呢!我那时刻印,还是一个门外汉,不敢在人前卖弄。朋友中间,王仲言、黎松安、黎薇荪等,却都喜欢刻印，拉我在一起，教我一些初步的方法，我参用了雕花的手艺，顺着笔画，一刀一刀地削去，简直是跟了他们闹着玩儿。

沁园师的本家胡辅臣，竹坤的一位绅士，是我朋友胡石庵的父亲，介绍我到皋山黎桂坞家去画像。胡黎两家，是世代姻亲，他们两家的人，我本也认识几位。皋山黎家，是清朝黎文肃公培敬的后人，黎培敬号叫简堂，是咸丰年的进士，做过贵

人骂我我也骂人

州的学台、藩台,光绪初年,做过江苏抚台,死了没有多年。他家和长塘黎松安家是同族,我朋友黎雨民,就是文肃公的长孙,黎薇荪是文肃公的第三子,黎戬斋是薇荪之子,这三位我是熟识的。黎桂坞是文肃公的次子,薇荪的哥哥,我却是初次会见。还认识了文肃公的第四子铁安,是桂坞、薇荪的弟弟,雨民的叔叔。铁安不常刻印,但写的小篆功力非常精深,我慕名已久,此次见面,我就向他请教:"我总是刻不好,有什么方法办呢?"铁安笑着说:"南泉坤的楚石,有的是!你挑一担回家去,随刻随磨,你要刻满三四个点心盒,都成了石浆,那就刻得好了。"这虽是一句玩笑话,却也很有至理。从前少蕃师对我说的:"天下无难事,只怕有心人。"就是这个意思。我于是打定主意,发愤学刻印章,从多磨多刻这句话上着想,去下功夫了。

黎松安是我最早的印友,我常到他家去,跟他切磋,一去就在他家住上几天。我刻着印章,刻了再磨,磨了又刻,弄得我住的他家客室里,四面八方,满都是泥浆。移东移西,无处插脚,几乎一屋子都变成了池底。松安很鼓励我,还送给我丁龙泓、黄小松两家刻印的拓片,我很想学他们两人的刀法,只因拓片不多,还摸不到门径。那时,青田、寿山等石章,在我们家乡不十分容易买到,价格也不便宜,像鸡血、田黄等等,更是贵重得了不得。我在一处人家画像,无意间买到了那家旧存的几块印章,都是些青田、寿山石的,松安知道了,冒着大风雨,到我家,说是分我的石章来的,他真可以算是一个印迷了。

我做过《忆罗山往事》的诗，说：

石潭旧事等心孩，磨石书堂水亦灾。
风雨一天拖两屐，伞扶飞到赤泥来。

石潭、赤泥都是地名。石潭离罗山不过一里来地，在杉溪的下游。赤泥坤离罗山西北也只有一里来地。这两处，都是离松安家很近。那年秋天，我们几个人，都在杉溪附近散步，溪上有一独木桥，桥身很窄，人都不敢在上面走，松安取出一块青田石章，说："谁能倒退走过此桥，我把这块石章奉送。"我说："我来试试。"我真的倒退走过了桥，又倒退走了回来，松安也真的把石章送了给我。我后来有过一首诗，送给松安，说：

三十年前溪上路，与君颜色未曾凋。
丹枫乱落黄花瘦，人影水光独木桥。

就是指的这回事。当时我和松安的兴致，都是很高的。松安比我小八岁，天资比我高得多，刻的印章也比我好得多，他是摹仿邓石如的，功夫很深。他中年以后，因为刻印易伤眼力，不愿再刻，所以他的本领，没有大显于世，这是很可惜的。我记得：我初次正式刻成的一方闲章，刻的是三个字："金石癖。"就是在松安家里刻的，留在他家作纪念，听说保存了好几十年，直到抗日战事胜利的前一年，在兵乱中失去了。

光绪二十三年(丁酉·一八九七),我三十五岁。二十四年(戊戌·一八九八),我三十六岁,我在三十五岁以前,始终没曾离开家乡,足迹所到之处,只限于杏子坞附近百里之内,连湘潭县城都没有去过。直到三十五岁那年,才由朋友介绍,到县城里去给人家画像。城里的人,看我画得不错,把我的姓名,传开了去,请我画像的人渐多,我就常常地进城去了。祖母看我城乡奔波,在家闲着的时候很少,笑着对我说:"你小时候,算命先生说你长大了,一定要离别故乡,看来这句话倒要应验的了。"我在湘潭城内,认识了郭葆生,名叫人漳,是个道台班子(有了道台资格还未补到实缺的人)的大少爷。又认识了一位桂阳州的名士夏寿田,号叫午诒,也是一位贵公子。回家后,仍和一般老朋友们在一起,做诗刻印章。黎松安知道我小时候多病,又曾吐过血,此刻见我跑东跑西,很够忙的,屡次劝我戒除吸水烟的习惯。说:"吸烟对于身体,大有妨害,尤其你这个早年吐过血的人,更要小心!"我敷衍他的面子,口头上是答应不吸了,背了他还是照样地吸。有一天,给他发觉了,他气恼到了极点,绷起着脸,大声地说了我一顿,又逼着我到孔夫子的神牌面前,叫我行礼宣誓。朋友这样地爱惜我,真是出于一番诚意,我怎能辜负了他呢?从此我把吸水烟的习惯,完全戒掉了。这时松安家新造了一所书楼,名叫诵芬楼,罗山诗社的诗友们,就在那里集会。我们龙山诗社的人,也常去参加。次年,我三十六岁,春君生了个女孩,小名叫作阿梅。黎薇荪的儿子戬斋,交给我丁龙泓、黄小松两家的印谱,说是他父亲从四川寄回来送给我的。薇荪是甲午科的翰林，外放在四川做官，他们父子俩跟我都是十分相好的。前年，黎松安给过我丁黄刻印的拓片，现在薇孙又送我丁黄印谱，我对于丁黄两家精密的刀法，就有了途轨可循了。

光绪二十五年(己亥·一八九九)，我三十七岁。正月，张仲飏介绍我去拜见王湘绮先生，我拿了我作的诗文，写的字，画的画，刻的印章，请他评阅。湘公说："你画的画，刻的印章，又是一个寄禅黄先生哪!"湘公说的寄禅，是我们湘潭有名的一个和尚，俗家姓黄，原名读山，是宋朝黄山谷的后裔，出家后，法名敬安，寄禅是他的法号，他又自号为八指头陀。他也是少年寒苦，自己发愤成名，湘公把他来比我，真是抬举我了。

那时湘公的名声很大，一般趋势好名的人，都想列入门墙，递上一个门生帖子，就算作王门弟子，在人前卖弄卖弄，觉得很有光彩了。张仲飏屡次劝我拜湘公的门，我怕人家说我标榜，迟迟没有答应。湘公见我这人很奇怪，说高傲不像高傲，说趋附又不肯趋附，简直莫名其所以然。曾对吴劭之说："各人有各人的脾气，我门下有铜匠衡阳人曾招吉，铁匠我同县乌石寨人张仲飏，还有一个同县的木匠，也是非常好学的，却始终不肯做我的门生。"这话给张仲飏听到了，特来告诉我，并说："王老师这样地看重你，还不去拜门？人家求都求不到，你难道是招也招不来吗?"我本也感激湘公的一番厚意，不敢再固执。到了十月十八日，就同了仲飏，到湘公那里，正式拜门。但我终觉得自己学问太浅，老怕人家说我拜入王门，是想抬高身份，所以在人面前，不敢把湘绮师挂在嘴边。不过我心里头，对湘绮师是感佩得五体投地的。仲飏又对我说："湘绮师评你的文，倒还像个样子，诗却成了《红楼梦》里呆霸王薛蟠的一体了。"这句话真是说着我的毛病了。我作的诗，完全写我心头里要说的话，没有在字面上修饰过，自己看过，也有点呆霸王那样的味儿哪！

那时，黎铁安又介绍我到湘潭县城里，给茶陵州的著名绅士谭氏三兄弟，刻他们的收藏印记，这三位都是谭钟麟的公子。谭钟麟做过闽浙总督和两广总督，是赫赫有名的一品大员。他们三弟兄，大的叫谭延闿，号组安；次的叫谭恩闿，号组庚；小的叫谭泽闿，号组同，又号瓶斋。我一共给他们刻了十多方印章。自己看着，倒还过得去，没有什么不对的地方。却有一个丁拔贡，名叫可钧的，自称是个金石家，指斥我的刀法太懒，说了不少坏话。谭氏兄弟那时对于刻印，还不十分内行，听了丁拔贡的话，以耳代目，就把我刻的字，统都磨掉，另请这位丁拔贡去刻了。我听到这个消息，心想：我和丁可钧，都是摹仿丁龙泓、黄小松两家的，走的是同一条路，难道说，他刻的对，我就不对了么？究竟谁对谁不对，懂得此道的人自有公论，我又何必跟他计较，也就付之一笑而已。

光绪二十六年(庚子・一九〇〇)，我三十八岁。湘潭县城内，住着一位江西盐商，是个大财主。他逛了一次衡山七十二峰，以为这是天下第一胜景，想请人画个南岳全图，作为他游山的纪念。朋友介绍我去应征，我很经意地画成六尺中堂十二幅。我为了凑合盐商的意思，着色特别浓重；十二幅画，光是石绿一色，足足用了二斤，这真是一个笑柄。盐商看了，却是十分满意，送了我三百二十两银子。这三百二十两，在那时是一个了不起的数目，人家听了，吐吐舌头说："这还了得，画画真可以发财啦！"因为这一次画，我得了这样的高价，传遍了湘潭附近各县，从此我卖画的声名，就大了起来，生意也就益发地多了。

我住的星斗塘老屋，房子本来很小，这几年，家里添了好多人口，显得更见狭窄了。我拿回了三百二十两银子，就想另外找一所住房，住得宽展一些。恰巧离白石铺不远的狮子口，在莲花寨下面，有所梅公祠，附近还有几十亩祠堂的祭田，正在招人典租，索价八百两银子，我很想把它承典过来，只是没有这些银子。我有一个朋友，是种田的，他愿意典祠堂的祭田，于是我出三百二十两，典住祠堂房屋，他出四百八十两，典种祠堂祭田。事情办妥，我祖母和我父母都不很赞成，但也并不反对，我就同了我妻陈春君，带着我们两个儿子，两个女儿，搬到梅公祠去住了。莲花寨离余霞岭，有二十来里地，一望都是梅花，我把住的梅花祠，取名百梅书屋。我作过一首诗，说：

最关情是旧移家，屋角寒风香径斜。
二十里中三尺雪，余霞双屐到莲花。

梅公祠边，梅花之外，还有很多木芙蓉，花开时好像铺着

一大片锦绣,好看得很。我定居北京以后,回想那里的故居,也曾题过一首诗:

廿年不到莲花洞,草木余情有梦通。
晨露替人垂别泪,百梅祠外木芙蓉。

梅公祠内,有一点空地,我添盖了一间书房,取名借山吟馆。房前屋后,种了几株芭蕉,到了夏天,绿荫铺阶,凉生几榻,尤其是秋风夜雨,潇潇簌簌,助人诗思。我有句云:

莲花山下窗前绿,犹有挑灯雨后思。

这一年我在借山吟馆里,读书学诗,作的诗,竟有几百首之多。

梅公祠离星斗塘,不过五里来地,并不太远。我和春君,常常回到星斗塘去看望祖母和我父亲母亲,他们也常到梅公祠来玩儿。从梅公祠到星斗塘,沿路水塘内,种的都是荷花,到花盛开之时,在塘边行走,一路香风,沁人心胸。我有两句诗说:

五里新荷田上路,百梅祠到杏花村。

我在梅公祠门前的水塘内,也种了不少荷花,夏末秋初,结的莲蓬很多,在塘边用稻草盖了一个棚子,嘱咐我两个儿子，轮流看守。那年，我大儿子良元，年十二岁，次儿良黼，年六岁。他们兄弟俩，平常日子，到山上去砍柴，砍得挺卖力气，我见了心里很喜欢。穷人家的孩子，总是手脚勤些的好。有一天，中午刚过，我到门前塘边闲步，只见良黼躺在草棚之下，睡得正香。草棚是很小的，遮不了他整个身体，棚子顶上盖的稻草，又极稀薄，他穿了一件破旧的短衣，汗出的像流水一样。我看看地上的草，都给太阳晒的枯了。心想，他小小年纪，在这毒烈的太阳底下，怎么能受得了呢？就叫他道："良黼，你睡着了吗？"他从睡梦中嚯地坐了起来，怕我责备，擦了擦眼泪，对我看看，喘着气，咳嗽了一声。我看他怪可怜的，就叫他跟我进屋去，这孩子真是老实极了。

光绪二十七年（辛丑·一九〇一），我三十九岁。朋友问我："你的借山吟馆，取了借山两字，是什么意思？"我说："意思很明白，山不是我所有，我不过借来娱目而已！"我就画了一幅《借山吟馆图》，留作纪念。有人介绍我到湘潭县城里，给内阁中书李家画像。这位李中书，名叫镇藩，号翰屏，是个傲慢自大的人，向来是谁都看不起的，不料他一见我面，却谈得非常之好，而且还彬彬有礼。我倒有点奇怪了，以为这样一个有名的狂士，怎么能够跟我交上朋友了呢？经过打听，原来他有个内阁中书的同事，是湘绮师的内弟蔡枚功，名毓春，曾经对他说过："国有颜子而不知，深以为耻。"蔡公这样地抬举我，李翰屏也就对我另眼相看了。

那年十二月十九日，我遭逢了一件大不幸的事情，我祖母

借山吟馆图

马孺人故去了。我小时候,她背了我下地做活,在穷苦无奈之时,她宁可自己饿着肚子,留了东西给我吃,想起了以前种种情景,心里头真是痛如刀割。

六　五出五归(一九〇二——一九一六)

光绪二十八年(壬寅·一九〇二),我四十岁。四月初四日,春君又生了个男孩,这是我们的第三子,取名良琨,号子如。

我在四十岁以前,没有出过远门,来来往往,都在湘潭附近各地。而且到了一地,也不过稍稍勾留,少则十天半月,至多三五个月。得到一点润笔的钱,就拿回家去,奉养老亲,抚育妻子。我不希望发什么财,只图糊住了一家老小的嘴,于愿已足;并不作远游之想。那年秋天,夏午诒由翰林改官陕西,从西安来信,叫我去教他的如夫人姚无双学画,知道我是靠作画刻印的润资度日的,就把束脩和旅费,都汇寄给我。郭葆生也在西安,怕我不肯去,寄了一封长信来,说:

> 无论作诗作文,或作画刻印,均须于游历中求进境。作画尤应多游历,实地观察,方能得其中之真谛。古人云,得江山之助,即此意也。作画但知临摹前人名作、或画册画谱之类,已落下乘,倘复仅凭耳食,随意点缀,则隔靴搔痒,更见其百无一是矣。只能常作远游,眼界既广

阔,心境亦舒展,辅以颖敏之天资,深邃之学力,其所造就,将无涯涘,较之株守家园,故步自封者,诚不可以道里计也。关中夙号天险,山川雄奇,收之笔底,定多杰作。兄仰事俯蓄,固知惮于旅寄,然为画境进益起见,西安之行,殊不可少,尚望早日命驾,毋劳踌躇!

我经他们这样督促,就和父母商量好了,于十月初,别了春君,动身北上。有一个十三岁的姑娘,天资很聪明,想跟我学画,我因为要远游,没有答允她。她来信说:"俟为白石门生后,方为人妇,恐早嫁有管束,不成一技也。"我看她很有志气,在动身到西安之前,特地去跟她话别。想不到她不久就死了,这一别竟不能再见,真是遗憾得很。十多年后,我想起了她,曾经作过两首诗:

最堪思处在停针,一艺无缘泪满襟。
放下绣针伸一指,凭空不语写伤心。

一别家山十载余,红鳞空费往来书。
伤心未了门生愿,怜汝罗敷未有夫。

我生平念念不忘的文字艺术知己,这位小姑娘,乃是其中的一个。

那时,水陆交通,很不方便,长途跋涉,走得非常之慢,我

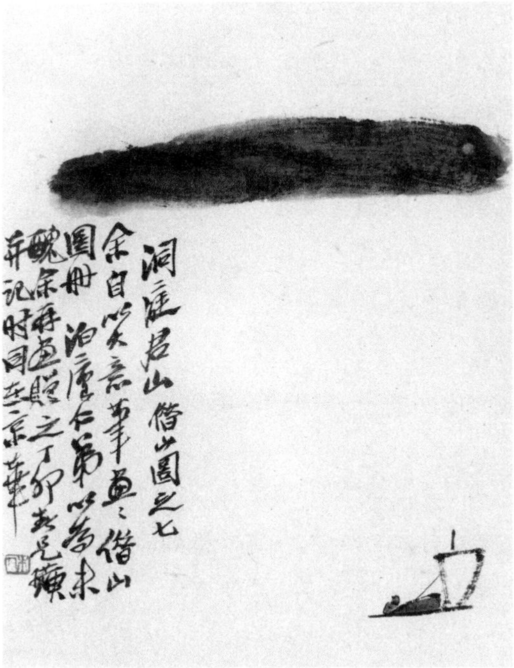

齐白石自临《借山图册》之七　洞庭君山

却趁此机会,添了不少画料。每逢看到奇妙景物,我就画上一幅。到此境界,才明白前人的画谱,造意布局,和山的皴法,都不是没有根据的。我在中途,画了很多,最得意的有两幅:一幅是路过洞庭湖,画的是《洞庭看日图》,我六十岁后,补题过一首诗:

往余过洞庭,鲫鱼下江吓。

浪高舟欲埋，雾重湖光没。
雾中东望一帆轻，帆腰日出如铜钲。
举篙敲钲复住手，窃恐蛟龙闻欲惊。
湘君驶云来，笑我清狂客。
请博今宵欢，同看长圆月。
回首二十年，烟霞在胸膈。
君山初识余，头还未全白。

一幅是快到西安之时，画的是《灞桥风雪图》。我也题过一首诗：

名利无心到二毛，故人一简远相招。
蹇驴背上长安道，雪冷风寒过灞桥。

这两幅图，我都列入《借山吟馆图卷》之内。

我到西安，已是十二月中旬了，见着午诒，又会到了葆生，张仲飏也在西安，还认识了长沙人徐崇立。无双跟我学画，倒也闻一知十，进步很快，我门下有这样一个聪明的女弟子，觉得很高兴，就刻了一方印章“无双从游”，作为纪念。我同几位朋友，暇时常去游览西安附近的名胜，所有碑林、雁塔坡、牛首山、华清池等许多名迹，都游遍了。在快要过年的时候，午诒介绍我去见陕西臬台樊樊山，樊山名增祥，号云门，湖北恩施人，是当时的名士，又是南北闻名的大诗人。我刻了几方印章,带了去,想送给他。到了臬台衙门,因为没有递"门包",门上不给我通报,白跑了一趟。午诒跟樊山说了,才见着了面。樊山送了我五十两银子,作为刻印的润资,又替我订了一张刻印的润例:"常用名印,每字三金,石广以汉尺为度,石大照加。石小二分,字若黍粒,每字十金。"是他亲笔写好了交给我。

在西安的许多湖南同乡,看见臬台这样的看得起我,就认为是大好的晋身之阶。张仲飏也对我说,机会不可错过,劝我直接去走臬台门路,不难弄到一个很好的差事。我以为一个人要是利欲熏心,见缝就钻,就算钻出了名堂,这个人的人品,也可想而知了。因此,仲飏劝我积极营谋,我反而劝他悬崖勒马。仲飏这样一个热衷功名的人,当然不会受我劝的,但是像我这样一个淡于名利的人,当然也不会听他话的。我和他,从此就有点小小的隔阂,他的心里话,也就不跟我说了。

光绪二十九年(癸卯・一九〇三),我四十一岁。在西安住了三个来月,夏午诒要进京谋求差事,调省江西,邀我同行。樊樊山告诉我:他五月中也要进京,慈禧太后喜欢绘画,宫内有位云南籍的寡妇缪素筠,给太后代笔,吃的是六品俸,他可以在太后面前推荐我,也许能够弄个六七品的官衔。我笑着说:"我是没见过世面的人,叫我去当内廷供奉,怎么能行呢?我没有别的打算,只想卖卖画,刻刻印章,凭着这一双劳苦的手,积蓄得三二千两银子,带回家去,够我一生吃喝,也就心满意足了。"夏午诒说:"京城里遍地是银子,有本领的人,俯拾即是,三二千两银子,算得了什么!濒生当了内廷供奉,在外头

齐白石自临《借山图册》之十一 雁塔坡

照常可以卖画刻印，还怕不够你一生吃喝吗？”我听他们都是官场口吻，不便接口，只好相对无言了。我在西安，住得虽不甚久，却有些留恋之意，在离开之前，又去游了一次雁塔，题了一首诗：

长安城外柳丝丝，雁塔曾经春社时。
无意姓名题上塔，至今人不识阿芝。

齐白石自临《借山图册》之九 华岳三峰

我不喜欢出风头的意思，在这首诗里，说得很明白的了。

三月初，我随同午诒一家，动身进京。路过华阴县，登上了万岁楼，面对华山，看个尽兴。一路桃花，长达数十里，风景之美，真是生平所仅见。到晚晌，我点上了灯，画了一幅《华山图》。华山山势陡立，看去真像刀削一样。渡了黄河，在弘农涧地方，远看嵩山，另是一种奇景。我向旅店中借了一张小桌子，在涧边画了一幅《嵩山图》。这图同《华山图》，我都收在《借山图卷》内了。在漳河岸边，看见水里有一块长方形的石头，好像是很光滑的，我想取了来，磨磨刻字刀，倒是十分相宜。拾起来仔细一看，却是块汉砖，铜雀台的遗物，无意间得到了稀见的珍品，真是喜出望外。可惜十多年后，在家乡的兵乱中，给土匪抢去了。

我进了京城，住在宣武门外北半截胡同夏午诒家。每天教无双学画以外，应了朋友的介绍，卖画刻印章。闲暇时候，常去逛琉璃厂，看看古玩字画。也到大栅栏一带去听听戏。认识了湘潭同乡张翊六，号贡吾；衡阳人曾熙，号农髯；江西人李瑞荃，号筠庵。其余还有不少的新知旧友，常在一起游宴。但是一般势利的官场中人，我是不愿和他们接近的，记得我初认识曾农髯时，误会他是个势利人，嘱咐午诒家的门房，待他来时，说我有病，不能会客。他来过几次，都没见着。一次他又来了，不待通报，直闯进来，连声说："我已经进来，你还能不见我吗？"我无法再躲，只得延见。农髯是个风雅饱学之士，后来跟我交得很好，当初我错看了他，实在抱歉之极。三月三十日那天，午诒同杨度发起，在陶然亭饯春，到了不少的诗人，我画了一幅《陶然亭饯春图》。杨度，号皙子，湘潭同乡，也是湘绮师的门生。我作过一首诗，寄给樊樊山，中有四句说：

陶然亭上饯春早，晚钟初动夕阳收。
挥毫无计留春住，落霞横抹胭脂愁。

就是说的那年我画《饯春图》这回事。

到了五月，听说樊山已从西安启程，我怕他来京以后，推荐我去当内廷供奉，少不得要添出许多麻烦。我向午诒说："离家半年多，想念得很，打算出京回家去了。"午诒留着我，我坚决要走。他说："既然留你不得，我也只好随你的便！我想，给你捐个县丞，指省江西，你到南昌去候补，好不好呢？县丞虽是微秩，究属是朝廷的命官，慢慢地磨上了资格，将来署个县缺，是并不难的。况且我是要到江西去的，替你打点打点，多少总有点照应。"我说："我哪里会做官，你的盛意，我只好心领而已。我如果真的到官场里去混，那我简直是受罪了！"午诒看我意志并无犹豫，知道我是决不会干的，也就不再勉强，把捐县丞的钱送了给我。我拿了这些钱，连同在西安北京卖画刻印章的润资，一共有了二千多两银子，可算是不虚此行了。

我在北京临行之时，买了点京里的土产，预备回家后送送亲友，又在李玉田笔铺，定制了画笔六十支，每支上面，挨次刻着号码，刻的字是："白石先生画笔第几号。"当时有人说，不该自称先生，这样的刻笔，未免狂妄。实则从前金冬心就自己称过先生，我摹仿着他，有何不可呢？樊樊山在我出京后不久，也到了京城，听说我已走了，对夏午诒说："齐山人志行很高，性情却有点孤僻啊！"

我出京后，从天津坐海轮，过黑水洋，到上海，再坐江轮，转汉口，回到家乡，已是六月炎天了。我从壬寅年四十岁起至己酉年四十七岁止，这八年中，出过远门五次，是我生平可纪念的五出五归。这次远游西安、北京，绕道天津、上海回家，是我五出五归中的一出一归，也就是我出门远游的第一次。那时，同我合资典租梅公祠祭田的那位朋友，想要退田，和我商量，我在带回家的二千多两银子中，提出四百八十两给了他，以后梅公祠的房子和祭田，统都归我承典了。我回乡以后，仍和旧日师友常相晤叙，作画吟诗刻印章，是每天的日课。胡沁园师见我画的《华山图》，很为赏识，赞不绝口，拿来一把团扇，叫我缩写在他的扇面上，我就很经意地给他画了。沁园师很高兴，笑着对我说："读万卷书，行万里路，都是人生快意之事，第二句你做到了，慢慢的再做到第一句，那就更好了。"沁园师总是很诚恳地这样期许我。

光绪三十年（甲辰·一九〇四），我四十二岁。春间，王湘绮师约我和张仲飏同游南昌。过九江，游了庐山。到了南昌，住在湘绮师的寓中，我们常去游滕王阁、百花洲等名胜。铜匠出身的曾招吉，那时在南昌制造空运大气球，听说他试验了几次，都掉到水里去了，人都作为笑谈，他仍是专心一志地研究。他也是湘绮师的门生，和铁匠出身的张仲飏，木匠出身的我，同称"王门三匠"。他们二人的学问，也许比我高明些，但是性情可不与我一样。仲飏也是新从陕西回来，他是一个热心做官的人，喜欢高谈阔论，说些不着边际的大话，表示他的抱负不凡。招吉平常日子都穿着官靴，走起路来，迈着鸭子似的八字方步，表示他是一个会做文章的读书人。南昌是江西省城，大官儿不算很少，钦慕湘绮师的盛名，时常来登门拜访。仲飏和招吉，依傍老师的面子，周旋其间，倒也认识了很多阔人。我却怕和他们打着交道，看见他们来了，就躲在一边，避不见面，并不出去招呼，所以他们认识我的很少。仲飏、招吉常常笑我是个迂夫子，我也只能甘心做我的迂夫子而已。

七夕那天，湘绮师在寓所，招集我们一起饮酒，并赐食石榴。席间，湘绮师说："南昌自从曾文正公去后，文风停顿了好久，今天是七夕良辰，不可无诗，我们来联句吧！"他就自己首唱了两句："地灵胜江汇，星聚及秋期。"我们三个人听了，都没有联上，大家互相看看，觉得很不体面。好在湘绮师是知道我们底细的，看我们谁都联不上，也就罢了。我在夏间，曾把我所刻的印章拓本，呈给湘绮师评阅，并请他作篇序文。就在那天晚上，湘绮师把作成的序文给了我。文内有几句话，说："白

齐白石《借山图册》之滕王阁

石草衣，起于造士，画品琴德，俱入名域，尤精刀笔，非知交不妄应，朋座密谈时，有生客至，辄逡巡避去，有高世之志，而恂恂如不能言。”这虽是他老人家溢美之言，太夸奖了我，但所说我的脾气，确是一点不假，真可以算是我的知音了。到了八月十五中秋节，我才回到了家乡。这是我五出五归中的二出二归。想起七夕在南昌联句之事，觉得作诗这一门，倘不多读点书，打好根基，实在不是容易的事。虽说我也会哼几句平平仄仄，怎么能够自称为诗人了呢？因此，就把借山吟馆的“吟”字删去，只名为借山馆了。

光绪三十一年（乙巳·一九〇五），我四十三岁。在黎薇荪家里，见到赵之谦的《二金蝶堂印谱》，借了来，用朱笔钩出，倒和原本一点没有走样。从此，我刻印章，就摹仿赵抣叔的一体了。我作画，本是画工笔的，到了西安以后，渐渐改用大写意笔法。以前我写字，是学何子贞的，在北京遇到了李筠庵，跟他学写魏碑，他叫我临《爨龙颜碑》，我一直写到现在。人家说我出了两次远门，作画写字刻印章，都变了样啦，这确是我改变作风的一个大枢纽。

七月中旬，汪颂年约我游桂林。颂年名诒书，长沙人，翰林出身，时任广西提学使。广西的山水，是天下著名的，我就欣然而往，进了广西境内，果然奇峰峻岭，目不暇接。画山水，到了广西，才算开了眼界啦！只是桂林的气候，倏忽多变，炎凉冷暖，捉摸不定，出去游览，必须把棉夹单三类衣服，带个齐全，才能应付天气的变化。我作过一首诗：

广西时候不相侔，自打衣包作小游。
一日扁舟过阳朔，南风轻葛北风裘。

并不是过甚其辞。

我在桂林，卖画刻印为生。樊樊山在西安给我定的刻印润格，我借重他的大名，把润格挂了出去，生意居然很好。我作了一首纪事诗：

眼昏隔雾尚雕镌，好事诸公肯出钱。
死后问心何值得，寻常一字价三千。

那时，宝庆人蔡锷，号松坡，新从日本回国，在桂林创办巡警学堂。看我赋闲无事，托人来说："巡警学堂的学生，每逢星期日放假，常到外边去闹事，想请您在星期那天，去教学生们作画，每月送薪资三十两银子。"我说："学生在外边会闹事，在里头也会闹事，万一闹出轰教员的事，把我轰了出来，颜面何存，还是不去的好。"三十两银子请个教员，在那时是很丰厚的薪资，何况一个月只教四天的课，这是再优惠没有的了。我坚辞不就，人都以为我是个怪人。松坡又有意自己跟我学画，我也婉辞谢绝。

有一天在朋友那里，遇到一位和尚，自称姓张，名中正，人都称他为张和尚。我看他行动不甚正常，说话也多可疑，问他

桂林山

从哪里来,往何处去,他都闪烁其词,没曾说出一个准地方,只是吞吞吐吐的"唔"了几声,我也不便多问了。他还托我画过四条屏,送了我二十块银元。我打算回家的时候,他知道了,特地跑来对我说:"你哪天走?我预备骑着马,送你出城去!"这位和尚,待友倒是很殷勤的。到了民国初年,报纸上常有黄克强的名字,是人人知道的。朋友问我:"你认识黄克强先生吗?"我说:"不认识。"又问我:"你总见过他?"我说:"素昧平生。"朋友笑着说:"你在桂林遇到的张和尚,既不姓张,又不是和尚,就是黄先生。"我才恍然大悟,但是我和黄先生始终没曾再见过。

光绪三十二年(丙午·一九〇六),我四十四岁。在桂林过了年,打算要回家,画了一幅《独秀山图》,作为此游的纪念,我把这图也收入《借山图卷》里去。许多朋友,知道我要走了,都留着不放,我说回家去看看再来。正想动身的时候,忽接父亲来信,说是四弟纯培和我的长子良元,从军到了广东,因为他们叔侄两人,年轻没曾出过远门,家里很不放心,叫我赶快去追寻。我也觉得事出突然,就辞别众友,取道梧州,到了广州,住在祇园寺庙内。探得他们跟了郭葆生,到钦州去了。原来现任两广总督袁海观,也是湘潭人,跟葆生是亲戚。葆生是个候补道,指省广东不久,就放了钦廉兵备道。钦廉是钦州廉州两个地方,道台是驻在钦州的。纯培和良元,是葆生叫去的,他们怕家里不放远行,瞒了人,偷偷地到了广东。我打听到确讯,匆匆忙忙地赶了一千多里的水陆路程,到了钦州。葆生笑着说:“我叫他们叔侄来到这里,连你这位齐山人也请到了!”我说:“我是找他们来的,既已见到,家里也就放心了。”

齐白石自临《借山图册》之十八 独秀山

葆生本也会画几笔花鸟,留我住了几个月,叫他的如夫人跟我学画。他是一个好名的人,自己画得虽不太好,却很喜欢挥毫,官场中本没有真正的是非,因为他官衔不小,求他画的人倒也不少。我到了以后,葆生好像有一个得力的帮手,应酬画件,葆生就叫我代为捉刀,我在他那里,代他画了很多,他知道我是靠卖画为生的,送了我一笔润资。他收罗的许多名画,像八大山人、徐青藤、金冬心等真迹,都给我临摹了一遍,我也得益不浅。到了秋天,我跟葆生订了后约,独自回家乡。这是我五出五归中的三出三归。

我回家后不久,周之美师傅于九月二十一日死了。我听得这个消息,心里难受得很。回想当初跟我师傅学艺的时候,师傅视我如子,把他雕花的绝技,全套教给了我。出师后,我虽常去看他,只因连年在外奔波,相见的日子,并不甚多。不料此次远游归来,竟成长别。师傅又没有后嗣,身后凄凉,令人酸鼻。我到他家去哭奠了一场,又作了一篇《大匠墓志》去追悼他。凭我这一点微薄的意思,怎能报答我师傅当初待我的恩情呢?

那时,我因梅公祠的房屋和祠堂的祭田,典期届满,另在余霞峰山脚下,茶恩寺茹家坤地方,买了一所破旧房屋和二十亩水田。茹家坤在白石铺的南面,相隔二十来里。西北到晓霞山,也不过三十来里。东面是枫树坳,坳上有大枫树百十来棵,都是几百年前遗留下来的。西北是老坝,又名老溪,是条小河,岸的两边,古松很多。我们房屋的前面和旁边,各有一口水井,井边种了不少的竹子,房前的井,名叫墨井。这一带在四山围抱之中,风景很是优美。

我把破旧的房屋,翻盖一新,取名为寄萍堂。堂内造一书室，取名为八砚楼，名虽为楼，并非楼房，我远游时得来的八块砚石，置在室中，所以题了此名。这座房子，是我画了图样盖的，前后窗户，安上了从上海带回来的细铁丝纱，我把它称作“碧纱橱”。朋友们都说：轩畅爽朗，样式既别致，又合乎实用。布置妥当，于十一月二十日，我同春君带着儿女们，从梅公祠旧居，搬到了茹家坤新宅。我以前住的，只能说是借山，此刻置地盖房，才可算是买山了。

十二月初七日，大儿媳生了个男孩，这是我的长孙，取名秉灵，号叫近衡。因他生在搬进新宅不到一月，故又取号移孙。邻居们看我新修了住宅，又添了一个孙子，都来祝贺说：“人兴财旺！”我的心境，确比前几年舒展得多了。

光绪三十三年（丁未·一九〇七），我四十五岁。上年在钦州，与郭葆生话别，订约今年再去。过了年，我就动身了。坐轿到广西梧州，再坐轮船，转海道而往，到了钦州，葆生仍旧叫我教他如夫人学画，兼给葆生代笔。住不多久，随同葆生到了肇庆。游鼎湖山，观飞泉潭。泉水像泼天河似的，倾泻而下，声音像打雷一样震入耳膜。我在潭的底下，站立了好久，一阵阵清秀之气，令人神爽。又往高要县，游端溪，谒包公祠。端溪是出产砚石著名的，但市上出卖的都是新货，反不如北京琉璃厂古玩铺内，常有老坑珍品出售。俗谚所谓“出处不如聚处”，这话是不错的。钦州辖界，跟越南接壤，那年边疆不靖，兵备道是要派兵去巡逻的。我趁此机会，随军到达东兴。这东兴在北仑河北岸，对面是越南的芒街，过了铁桥，到了北仑河南岸，游览越南山水。野蕉数百株，映得满天都成碧色。我画了一张《绿天过客图》，收入《借山图卷》之内。那边的山水，倒是另有一种景色。

回到钦州，正值荔枝上市，沿路我看了田里的荔枝树，结着累累的荔枝，倒也非常好看，从此我把荔枝也入了我的画了。曾有人拿了许多荔枝来，换了我的画去，这倒可算是一桩风雅的事。还有一位歌女，我捧过她的场，她常常剥了荔枝肉给我吃。我作了一首纪事诗：

客里钦州旧梦痴，南门河上雨丝丝。
此生再过应无分，纤手教侬剥荔枝。

钦州城外，有所天涯亭，我每次登亭游眺，总不免有点游子之思。记得上年二月间，初到此地，曾作过一首诗：

看山曾作天涯客，记得归家二月期。
游遍鼎湖山下路，木棉十里子规啼。

当初本想略住几天，就回家去，为荷生留下，直到秋天，才回家乡。今年春天到此，转瞬之间，又到了冬月，我就向葆生告辞，动身回乡，到家已是腊鼓频催的时节了。这是五出五归中的四出四归。

光绪三十四年(戊申·一九〇八)，我四十六岁。罗醒吾在广东提学使衙门任事，叫我到广州去玩玩。我于二月间到了广州，本想小住几天，转道往钦州，醒吾劝我多留些时，我就在广州住下，仍以卖画刻印为生。那时广州人看画，喜的是“四王”一派，我的画法，他们不很了解，求我画的人很少。唯独刻印，他们却非常夸奖我的刀法，我的润格挂了出去，求我刻印的人，每天总有十来起。因此卖艺生涯，亦不落寞。醒吾参加了孙中山先生领导的同盟会，在广州做秘密的革命工作。他跟我同是龙山诗社七子之一，平日处得很好，彼此无话不谈。此番在广州见面，他悄悄地把革命党的内容，和他工作的状况，详细无遗地告诉了我，并要我帮他做点事，替他们传递文件。我想，这倒不是难办的事，只须机警地不露破绽，不会发生什么问题，当下也就答允了。从此，革命党的秘密文件，需要传递，醒吾都交我去办理。我是假借卖画的名义，把文件夹杂在画件之内，传递得十分稳妥。好在这样的传递，每月并没有多少次，所以始终没露痕迹。秋间，我父亲来信叫我回去，我在家住了没有多久，父亲叫我往钦州接我四弟和我长子回家，又动身到了广东。

宣统元年（己酉·一九〇九），我四十七岁，在广州过了年，正月到钦州，葆生留我住过了夏天，我才带着我四弟和我长子，经广州往香港，在钦州到广州的路上，看见人家住的楼房，多在山坳林木深处，别有一种景趣。我回想起来，曾经作过一首诗：

好山行过屡回头，戊己连年忆粤游。
佳景至今忘不得，万山深处著高楼。

到了香港，换乘海轮，直达上海。住了几天，正值中秋佳节，我想游山赏月，倒是很有意思。就携同纯培和良元，坐火车往苏州，天快黑了，乘夜去游虎丘。恰巧那天晚上，天空阴沉沉的，一点月光都没有，大为扫兴。那时苏州街头，专有人牵着马待雇的，我们雇了三匹马，骑着去。我骑的是一匹瘦马，走到山塘桥，不知怎的，马忽然受了惊，幸而收缰得快，没有出了乱子。第二天，我们到了南京。我想去见李梅庵，他往上海去了，没有见着。梅庵名瑞清，是筠庵的哥哥，是当时的一位有名书法家。我刻了几方印章，留在他家。预备他回来送给他。在南京，匆匆逛了几处名胜，就坐江轮西行。路过江西小姑山，在轮中画了一幅《小姑山图》，收入我的《借山图卷》之内。直到民国十五年，从湘潭回北京，又路过那里，我才题了一首诗：

往日青山识我无？廿年心与迹都殊。
扁舟隔浪丹青手，双鬓无霜画小姑。

九月，回到了家。这是我五出五归末一次回来。我从壬寅年四十岁起，到己酉年四十七岁，八年之间，走遍了半个中

齐白石自临《借山图册》之十六 小姑山

国,游览了陕西、北京、江西、广东、广西、江苏六处有名的山水,沿路经过的省份,还不算在内。这是我平生最可纪念的事,老来回想,也还很有余味。

宣统二年(庚戌·一九一〇),我四十八岁。沁园师早先曾说过:"行万里路,读万卷书。"我这几年,路虽走了不少,书

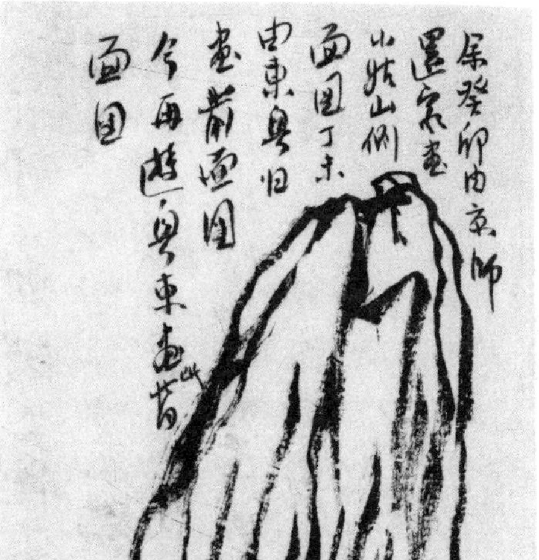

小姑山图草稿

却读得不多。回家以后，自觉书底子太差，天天读些古文诗词，想从根基方面，用点苦功。有时和旧日诗友，分韵斗诗，刻烛联吟，往往一字未妥，删改再三，不肯苟且。还把游历得来的山水画稿，重画了一遍，编成《借山图卷》，一共画了五十二幅。其中三十幅，为友人借去未还，现在只存了二十二幅。余暇的时候，在山坳屋角之间和房外菜圃的四边，种了各种果树，又在附近池塘之内，养了些鱼虾。当我植树莳花、挑菜掘笋和养鱼之时，儿孙辈都随我一起操作，倒也心旷神怡。朋友胡廉石把他自己住在石门附近的景色，请王仲言拟了二十四个题目，叫我画《石门二十四景图》。我精心构思，换了几次稿，费了三个多月的时间，才把它画成。廉石和仲言，都说我远游归来，画的境界，比以前扩展得多了。

黎薇荪自从四川辞官归来，在家乡当上了绅士，很是逍遥自在。去年九月，我刚回到家乡，他就订约邀我去游天衢山，送我一首诗，有句说“探梅莫负衢山约”。天衢山在湘潭城南五十二里，是我们家乡著名的风景区。我和他的韵，回了他一首诗：

瀼西归后得清娱，小费经营酒一壶。
宦后交游翻似梦，劫余身世岂嫌迂。
梅花未著先招客，桃叶添香不负吾。
醉后欲眠诗思在，怜君闲与老农俱。

薇荪新近纳了一妾,故有桃叶添香的话。我尝自号白石老农,末句所说的老农,指的是我自己。本年他在岳麓山下,新造了一所别墅,取名听叶庵,叫我去玩。我到了长沙,住在通泰街胡石庵的家里。王仲言在石庵家坐馆,沁园师的长公子仙甫,也在省城。薇荪那时是湖南高等学堂的监督,高等学堂是湖南全省最高的学府,在岳麓书院的旧址,张仲飏在里头当教务长,都是熟人。我同薇荪、仲飏和胡石庵、王仲言、胡仙甫等,游山吟诗,有时又刻印作画,非常欢畅。我刻印的刀法,有了变化,把汉印的格局,融会到赵抝叔一体之内,薇荪说我古朴耐人寻味。茶陵州的谭氏兄弟,十年前听了丁拔贡的话,把我刻的印章磨平了。当时我的面子,真有点下不去。现在他们懂得些刻印的门径,知道丁拔贡的话并不可靠,因此,把从前要刻的收藏印记,又请我去补刻了。同时,湘绮师也叫我刻了几方印章。省城里的人,顿时哄传起来,求我刻印的人,接连不断,我曾经有过一句诗:“姓名人识鬓成丝。”人情世态,就是这样的势利啊!

宣统三年(辛亥·一九一一),我四十九岁。春二月,听说湘绮师来到长沙,住营盘街。我进省去访他,并面恳给我祖母做墓志铭。这篇铭文,后来由我自己动手刻石。谭组安约我到荷花池上,给他们先人画像。他的四弟组庚,于前年八月故去,也叫我画了一幅遗像。我用细笔在纱衣里面,画出袍褂的团龙花纹,并在地毯的右角,画上一方“湘潭齐璜濒生画像记”小印,这是我近年来给人画像的记识。

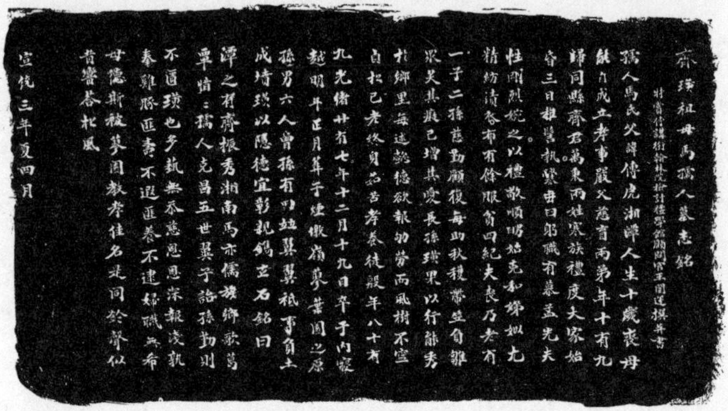
齊璜祖母馬孺人墓志銘
特賞侍講銜翰林院檢討[illegible]王闓運撰并書
孺人馬氏父諱傳虎湘潭人生十歲喪母
能自成立孝事嚴父慈育兩弟年十有九
歸同縣齊君萬秉兩姓寒族禮度大家始
昏三日即親執爨毋曰躬職有慕孟光夫
性剛烈婉之以禮敬順明姑克和娣姒尤
精紡績各布有餘服勞四紀夫喪乃老有
一子二孫慈勤顧復每田秋穫帶笠負籮
眾笑其癡已增其愛長孫璜果以行能秀
於鄉里每述懿德欲報劬勞而風樹不寧
自於己老終身茹苦孝養徒殷年八十有
九光緒廿有七年十二月十九日卒于內寢
越明年正月葬于煙墩嶺蓼葉園之原
孫男六人曾孫有四茁翼翼祗事負土
成墳璜以隱德宜彰親鐫玄石銘曰
潭之有齊振秀湘南馬亦儒族鄉歌葛
覃懿懿孺人克昌五世翼子詒孫勤則
不匱璜也多能無忝慈恩恩深報淺孰
奉雞豚匪壽不退匪養不逮婦職無希
母德斯被蓼園教孝佳名是同於聲似
谷響答於風
宣統三年夏四月

《齐璜祖母马孺人墓志铭》王闿运撰书齐白石刻石

清明后二日，湘绮师借瞿子玖家里的超览楼，招集友人饮宴，看樱花海棠。写信给我说："借瞿协揆楼，约文人二三同集，请翩然一到！"我接信后就去了。到的人，除了瞿氏父子，尚有嘉兴人金甸臣，茶陵人谭祖同（泽闿）等。瞿子玖名鸿禨，当过协办大学士、军机大臣。他的小儿子宣颖，号兑之，也是湘绮师的门生，那时还不到二十岁。瞿子玖作了一首樱花歌七古，湘绮师作了四首七律，金、谭也都作了诗。我不便推辞，只好献丑，过了好多日子，才补作了一首看海棠的七言绝句。诗道：

往事平泉梦一场，师恩深处最难忘。
三公楼上文人酒，带醉扶栏看海棠。

当日湘绮师在席间对我说：“濒生这几年，足迹半天下，好久没有给同乡人作画了，今天的集会，可以画一幅《超览楼禊集图》啦！”我说：“老师的吩咐，一定遵办！”可是我口头虽答允了，因为不久就回了家，这图却没有画成。

瞿鸿禨、王先谦、王闿运等于超览楼前合影

民国元年（壬子·一九一二），我五十岁。二年（癸丑·一九一三），我五十一岁。我自五出五归以后，希望终老家乡，不再作远游之想。住的茹家坤新宅，经我连年布置，略有可观。我学取了崇德桥附近一位老农的经验，凿竹成笕，引导山泉从后院进来，客到烧茶，不必往外挑水，很为方便。寄萍堂内的一切陈设，连我作画刻印的几案，都由我自出心裁，加工制成，一大半还是我自己动手做的。我奔波了半辈子，总算有了一个比较安逸的容身之所了。在我五十一岁那年的九月，我把一点微薄的积蓄，分给三个儿子，让他们自谋生活。那时，长子良元二十五岁，次子良黼年二十岁，三子良琨年十二岁。良琨年岁尚小，由春君留在身边，跟随我们夫妇度日。长次两子，虽仍住在一起，但各自分炊，独立门户。良元在外边做工，收入比较多些，糊口并不为难。良黼只靠打猎为生，天天愁穷。十月初一日得了病，初三日曳了一双破鞋，手里拿着火笼，还踱到我这边来，坐在柴灶前面，烤着松柴小火，向他母亲诉说窘况。当时我和春君，以为他是在父母面前撒娇，并不在意。不料才隔五天，到初八日死了，这真是意外的不幸。春君哭之甚恸，我也深悔不该急于分炊，致他忧愁而死。这孩子平日沉静少言，没有任何嗜好，常侍我侧，也已学会了刻印。他死后，我做了一篇祭文，叙述他一生经历，留给后人作纪念。

民国三年(甲寅·一九一四)，我五十二岁。雨水节前四天，我在寄萍堂旁边，亲手种了三十多株梨树。苏东坡致程全父的信说："太大则难活，小则老人不能待。"我读了这篇文章，心想：我已五十二岁的人了，种这梨树，也怕等不到吃果子，人已没了。但我后来，还幸见它结实，每只重达一斤，而且味甜如蜜，总算及吾之生，吃到自种的梨了。

夏四月，我的六弟纯楚死了，享年二十七岁。纯楚一向在外边做工，当戊申年他二十一岁时，我曾戏为他画了一幅小像。前年冬,他因病回家,病了一年多而死。父亲母亲,老年丧子,非常伤心,我也十分难过,作了两首诗悼他。

纯楚死后没几天,正是端阳节,我派人送信到韶塘给胡沁园师,送信人匆匆回报说:他老人家故去已七天了。我听了,心里头顿时像小刀子乱扎似的,说不出有多大痛苦。他老人家不但是我的恩师,也可以说是我生平第一知己,我今日略有成就,饮水思源,都是出于他老人家的栽培。一别千古,我怎能抑制得住满腔的悲思呢?我参酌旧稿,画了二十多幅画,都是他老人家生前赏识过的,我亲自动手裱好,装在亲自糊扎的纸箱内,在他灵前焚化。同时又作了七言绝诗十四首,又作了一篇祭文,一副挽联,联道:

衣钵信真传,三绝不愁知己少;

功名应无分,一生长笑折腰卑。

这副联语虽说挽的是沁园师,实在是我的自况。

民国四年(乙卯·一九一五),我五十三岁。五年(丙辰·一九一六),我五十四岁。乙卯冬天,胡廉石把我前几年给他画的《石门二十四景图》送来,叫我题诗。我看黎薇荪已有诗题在前面,也技痒起来,每景补题了一诗。我们湖南,有一位先辈的画家张叔平,名准,也会刻印章,是永绥厅人,道光己酉科的举人。我在黎薇荪家里,见到他的真迹不少,曾经临摹过一遍。丙辰九月,在茹家坤邻居那里,见着他家藏画四幅,画得笔法很苍健，却只有题字，没有题款，盖的印章，也是闲章，不是名印。我借来临了一遍，仔细查看，见其笔法、题字和印章，断定是张叔平的手迹，就在我临摹的画幅上面，题了几句。薇荪的儿子戬斋，是我的好朋友，常来我家，见了心爱，向我索取。我素知叔平和黎文肃公是乡榜同年，戬斋是文肃公后裔，就把我临摹的画，送给了他。正在那时，忽得消息，湘绮师故去了，享年八十五岁。这又是一个意外的刺激！湘绮师在世时，负文坛重望，人多以拜门为荣。我虽列入他的门墙，却始终不愿以此为标榜。至好如郭葆生，起初也不知我是王门弟子，后来在北京，听湘绮师说起，才知道的。湘绮师死后，我专程去哭奠了一场。回忆往日师门的恩遇，我至今铭感不忘。

那年，还有一桩扫兴的事，谈起来也是很可气的。我作诗，向来是不求藻饰，自主性灵，尤其反对摹仿他人，学这学那，搔首弄姿。但这十年来，喜读宋人的诗，爱他们轻朗闲淡，和我的性情相近，有时偶用他们的格调，随便哼上几句。只因不是去摹仿，就没有去作全首的诗，所作的不过是断句残联。日子多了，积得有三百多句，不意在秋天，被人偷了去。我有诗道：

料汝他年夸好句，老夫已死是非无。

作诗原是雅事，到了偷袭掠美的地步，也就未免雅得太俗了。

七　定居北京(一九一七——一九三六)

民国六年(丁巳·一九一七),我五十五岁。我自五出五归之后,这八九年来,足迹仅在湘潭附近,偶或去到长沙省城,始终没有离开湖南省境,我本不打算再作远游。不料连年兵乱,常有军队过境,南北交哄,互相混战,附近土匪,乘机蜂起。官逼税捐,匪逼钱谷,稍有违拒,巨祸立至。弄得食不安席,寝不安枕,没有一天,不是提心吊胆地苟全性命。那年春夏间,又发生了兵事,家乡谣言四起,有碗饭吃的人,纷纷别谋避地之所。我正在进退两难、一筹莫展的时候,接到樊樊山来信,劝我到京居住,卖画足可自给。我迫不得已,辞别了父母妻子,携着简单行李,独自动身北上。

阴历五月十二日到京,这是我第二次来到北京,住前门外西河沿排子胡同阜丰米局后院郭葆生家。住了不到十天,恰逢复辟之变,北京城内,风声鹤唳,一夕数惊。葆生说:"民国元年正月,乱兵到处抢劫,闹得很凶,此番变起,不可不加小心。"遂于五月二十日,带着眷属,到天津租界去避难,我也随着去了。龙阳人易实甫,名顺鼎,我因樊樊山的介绍,和他相识,他也常到葆生家来闲谈,和我虽是初交,却很投机。他听说我们要赴津避难，力劝不必多此一举。我走的那天，他还派人约我到煤市街文明园听坤伶鲜灵芝的戏，我只好辜负他的厚意，回了一张便条辞谢了。我们坐上火车，路过黄村万庄一带，正值段祺瑞部将李长泰的军队，和张勋的辫子兵，打得非常激烈，火车到站，不敢停留，冒着炮火，直冲过去，侥幸没出危险，平安到津。到六月底，又随同葆生一家，返回北京，住在延寿寺街炭儿胡同，也是郭葆生家。那里同住的，有一个无赖，专想骗葆生的钱，因我在旁，碍了他的手脚，就处处跟我为难。我想，对付小人，还是远而避之，不去惹他的好，遂搬到西砖胡同法源寺庙内，和杨潜庵同住。潜庵，名昭儁，本是同乡熟友，写得一笔好字，送我的字真不少，我刻了两方印章，送他为报。张仲飏也在北京，住在阎王庙街，常来法源寺，和我叙谈。

我在琉璃厂南纸铺，挂了卖画刻印的润格，陈师曾见着我刻的印章，特到法源寺来访我，晤谈之下，即成莫逆。师曾名衡恪，江西义宁人，现任教育部编审员。他祖父宝箴，号右铭，做过我们湖南抚台，官声很好。他父亲三立，号伯严，又号散原，是当代的大诗人。师曾能画大写意花卉，笔致矫健，气魄雄伟，在京里很负盛名。我在行箧中，取出《借山图卷》，请他鉴定。他说我的画格是高的，但还有不到精湛的地方。题了一首诗给我，说：

曩于刻印知齐君，今复见画如篆文。

束纸丛蚕写行脚，脚底山川生乱云。
齐君印工而画拙，皆有妙处难区分。
但恐世人不识画，能似不能非所闻。
正如论书喜姿媚，无怪退之讥右军。
画吾自画自合古，何必低首求同群？

他是劝我自创风格，不必求媚世俗，这话正合我意。我常到他家去，他的书室，取名“槐堂”，我在他那里，和他谈画论世，我们所见相同，交谊就愈来愈深。我出京时，作了一首诗：

槐堂六月爽如秋，四壁嘉陵可卧游。
尘世几能逢此地，出京焉得不回头。

我此次到京，得交陈师曾做朋友，也是我一生可纪念的事。

樊樊山是看得起我的诗的，我把诗稿请他评阅，他作了一篇序文给我，说：

濒生书画，皆力追冬心，今读其诗，远在花之寺僧之上，真寿门嫡派也。冬心自叙其诗云，所好常在玉溪天随之间，不玉溪，不天随，即玉溪，即天随。又曰，俊僧隐流钵单瓢笠之往还，饶苦硬清峭之思。今欲序濒生之诗，亦卒无以易此言也。冬心自道云，只字也从辛苦得，恒河沙

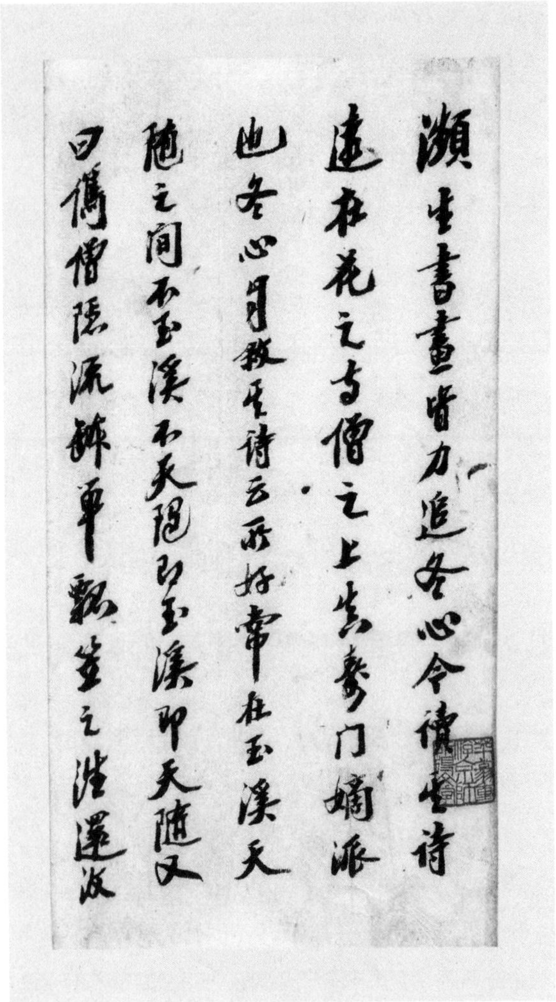
瀕生書畫皆力追冬心今讀其詩
遠在花之寺僧之上真壽門嫡派
也冬心自敘其詩云所好常在玉溪天
隨之間不玉溪不天隨即玉溪即天隨又
曰俊僧隱流鉢單瓢笠之往還沒

《借山吟馆诗草》樊增祥序　一

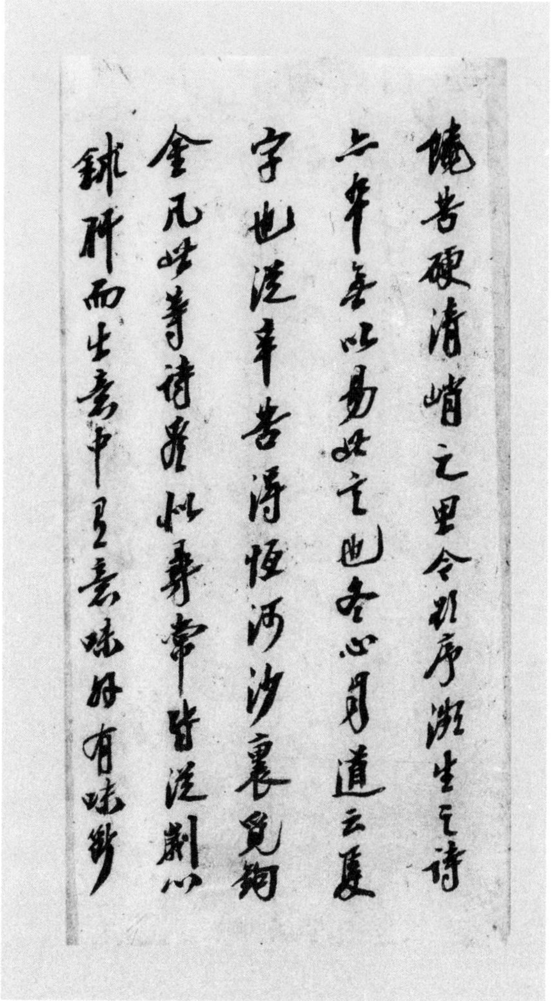

《借山吟馆诗草》樊增祥序　二

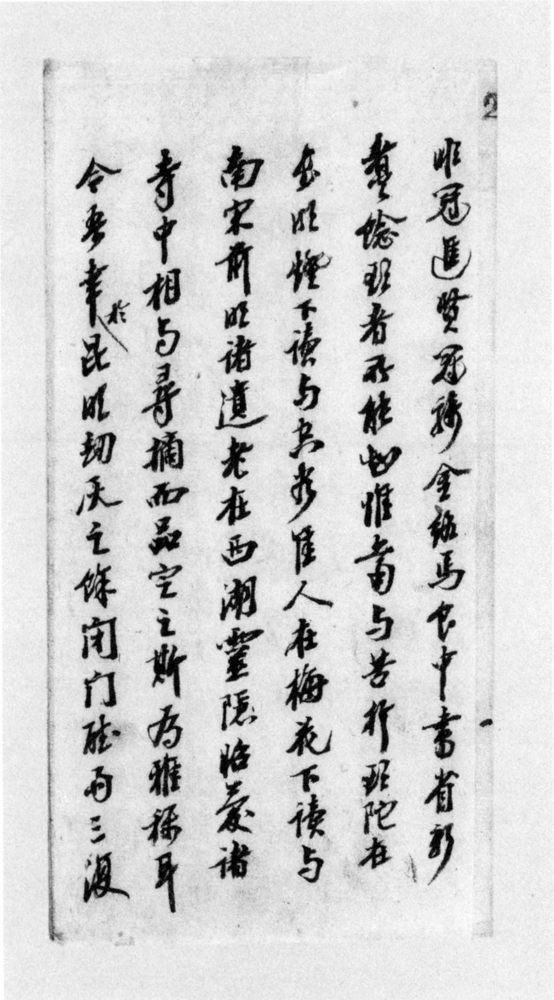

《借山吟馆诗草》樊增祥序　三

里觅铜金。凡此等诗，看似寻常，皆从刿心钵肝而出，意中有意，味外有味，断非冠进贤冠，骑金络马，食中书省新煮饦头者所能知。惟当与苦行头陀，在长明灯下读，与空谷佳人，在梅花下读，与南宋前明诸遗老，在西湖灵隐昭庆诸寺中，相与寻摘而品定之，斯为雅称耳。

樊山这样地恭维我，我真是受宠若惊。他并劝我把诗稿付印。隔了十年，我才印出了《借山吟馆诗草》，樊山这篇序文，就印在卷首。

我这次到京，除了易实甫、陈师曾二人以外，又认识了江苏泰州凌植支（文渊）、广东顺德罗瘿公（惇曧）、敷庵（惇㬊）兄弟，江苏丹徒汪蔼士（吉麟）、江西丰城王梦白（云）、四川三台萧龙友（方骏）、浙江绍兴陈半丁（年）、贵州息烽姚茫父（华）等人。凌、汪、王、陈、姚都是画家，罗氏兄弟是诗人兼书法家，萧为名医，也是诗人。尊公（次溪按：这是指我的父亲，下同。）沧海先生，跟我同是受业于湘绮师的，神交已久，在易实甫家晤见，真是如逢故人，欢若平生。（次溪按：先君篁溪公，讳伯桢，尝刊《沧海丛书》，别署沧海。）还认识了两位和尚，一是法源寺的道阶，一是阜成门外衍法寺的瑞光，瑞光是会画的，后来拜我为师。旧友在京的，有郭葆生、夏午诒、樊樊山、杨潜庵、张仲飏等。新知旧雨，常在一起聚谈，客中并不寂寞。

不过新交之中，有一个自命科榜的名士，能诗能画，以为我是木匠出身，好像生来就比他低下一等，常在朋友家遇到，表面虽也虚与我周旋，眉目之间，终不免流露出倨傲的样子。他不仅看不起我的出身，尤其看不起我的作品，背地里骂我粗野，诗也不通，简直是一无可取，一钱不值。他还常说："画要有书卷气，肚子里没有一点书底子，画出来的东西，俗气熏人，怎么能登大雅之堂呢！讲到诗的一道，又岂是易事，有人说，自鸣天籁，这天籁两字，是不读书人装门面的话，试问自古至今，究竟谁是天籁的诗家呢？"我明知他的话，是针对着我说的。文人相轻，是古今通例，这位自称有书卷气的人，画得本极平常，只靠他的科名，卖弄身份。我认识的科甲中人，也很不少，像他这样的人，并不觉得物稀为贵。况且画好不好，诗通不通，谁比谁高明，百年后世，自有公评，何必争此一日短长，显得气度不广。当时我作的《题棕树》诗，有两句说：

任君无厌千回剥，转觉临风遍体轻。

我对于此公，总是逆来顺受，丝毫不与他计较，毁誉听之而已。到了九月底，听说家乡乱事稍定，我遂出京南下。十月初十日到家，家里人避兵在外，尚未回来，茹家坤宅内，已被抢劫一空。

民国七年（戊午·一九一八），我五十六岁。家乡兵乱，比上年更加严重得多，土匪明目张胆，横行无忌，抢劫绑架，吓诈钱财，几乎天天耳有所闻，稍有余资的人，没有一个不是栗栗危惧。我本不是富裕人家，只因这几年来，生活比较好些，一家人糊得上嘴,吃得饱肚子,附近的坏人歹徒,看着不免眼红,遂有人散布谣言,说是:“芝木匠发了财啦!去绑他的票!”一般心存忌嫉、幸灾乐祸的人,也跟着起哄,说:“芝木匠这几年,确有被绑票的资格啦!”我听了这些威吓的话,家里怎敢再住下去呢?趁着邻居不注意的时候,悄悄地带着家人,匿居在紫荆山下的亲戚家里。那边地势偏僻,只有几间矮小的茅屋,倒是个避乱的好地方。我住下以后,隐姓埋名,时刻提防,唯恐给人知道了,发生麻烦。那时的苦况,真是一言难尽。我在诗草的自叙中,说过几句话:“吞声草莽之中,夜宿于露草之上,朝餐于苍松之阴。时值炎夏,浃背汗流,绿蚁苍蝇共食,野狐穴鼠为邻。殆及一年,骨如柴瘦,所稍胜于枯柴者,尚多两目而能四顾,目睛莹莹然而能动也。”到此地步,才知道家乡虽好,不是安居之所。我答朋友的诗,有两句说:

借山亦好时多难,欲乞燕台葬画师。

打算从明年起,往北京定居,到老死也不再回家乡来住了。

民国八年(己未·一九一九),我五十七岁。三月初,我第三次来到北京。那时,我乘军队打着清乡旗号,土匪暂时敛迹的机会,离开了家乡。离家之时,我父亲年已八十一岁,母亲七十五岁。两位老人知道我这一次出门,不同以前的几次远游,定居北京,以后回来,把家乡反倒变为作客了。因此再三叮咛,希望时局安定些,常常回家看看。春君舍不得扔掉家乡一点薄产，情愿带着儿女株守家园，说：她是个女人，留在乡间，见机行事，谅无妨害，等我在京谋生，站稳脚跟，她就往来京湘，也能时时见面。并说：我只身在外，一定感觉不很方便，劝我置一副室，免得客中无人照料。春君处处为我设想，体贴入微，我真有说不出的感激。当时正值春雨连绵，借山馆前的梨花，开得正盛，我的一腔别离之情，好像雨中梨花，也在替人落泪。登上了火车，沿途风景，我无心观看，心潮起伏不定，说不出是怎样滋味。我在诗草的自叙中说："过黄河时，乃幻想曰：安得手有嬴氏赶山鞭，将一家草木，过此桥耶！"我留恋着家乡，而又不得不避祸远离，心里头真是难受得很哪！

到了北京，仍住法源寺庙内，卖画刻印，生涯并不太好，那时物价低廉，勉强还可以维持生计。每到夜晚，想起父母妻子，亲戚朋友，远隔千里，不能聚首一处，辗侧枕上，往往通宵睡不着觉，忧愤之余，只有作些小诗，解解心头的闷气。曾记在家临别，藤萝正开，小园景色，常在脑海里盘旋，一刻都忘它不掉。我补作了一诗：

春园初暖闹蜂衙，天半垂藤散紫霞。
雷电不行笳鼓震，好花时节上京华。

到了中秋节边，春君来信说：她为了我在京成家之事，即将来京布置，嘱我预备住宅。我托人在右安门内，陶然亭附近，龙泉寺隔壁，租到几间房，搬了进去。这是我在北京正式租房的第一次。不久，春君来京，给我聘到副室胡宝珠，她是光绪二十八年壬寅八月十五中秋节生的，小名叫作桂子，时年十八岁。原籍四川丰都县转斗桥胡家坤。冬间，听说湖南又有战事，春君急欲回去，我遂陪她同行。起程之时，我作了一首诗，中有句云：

愁似草生删又长，盗如山密刬难平。

那时，我们家乡，兵匪不分，群盗如毛，我的诗，虽是志感，也是纪实。

民国九年（庚申·一九二〇），我五十八岁。春二月，我带着三子良琨，长孙秉灵，来京就学。那年，良琨十九岁，秉灵十五岁。刚出家门，走到莲花山下，逢着大雨，附近有一人家，是我们从前的邻居，三人到他家去避雨，雨停了再走。我是出门惯的，向来不觉旅行之苦，此次带了儿孙，不免有些累赘了。我有诗纪事：

不解吞声小阿长，携家北上太仓皇。
回头有泪亲还在，咬定莲花是故乡。

到北京后，因龙泉寺僻处城南，交通很不方便，又搬到宣武门内石镫庵去住。我从法源寺搬到龙泉寺，又从龙泉寺搬到石镫庵，连搬三处，都是住的庙产，可谓与佛有缘了。戏题一诗：

法源寺徙龙泉寺，佛号钟声寄一龛。
谁识画师成活佛，槐花风雨石镫庵。

刚搬去不久，直皖战事突起，北京城内，人心惶惶，郭葆生在帅府园六号租到几间房子，邀我同去避难，我带着良琨、秉灵，祖孙父子三人，一同去住。帅府园离东交民巷不远，东交民巷有各国公使馆，附近一带，号称保卫界。我当时做了一首诗：

石镫庵里胆惶惶，帅府园间竹叶香。
不有郭家同患难，乱离谁念寄萍堂。

战事没有几天就停了，我搬回西城。只因石镫庵的老和尚，养着许多鸡犬，从早到晚，鸡鸣犬吠之声，不绝于耳，我早想另迁他处。恰好宝珠托人找到了新址，战事停止后，我们全家就搬到象坊桥观音寺内。不料观音寺的佛事很忙，佛号钟声，昼夜不断，比石镫庵更加嘈杂得多。住了不到一个月，又迁到西四牌楼迤南三道栅栏六号，才算住得安定些。从此我的住所，与庙绝缘了。记得你我相识，是我住在石镫庵的时候。在此以前，我访尊公闲谈，去过你家多次，那时你上学去了，总没见着，直到你来石镫庵，我们才会了面。年月过得好快，一晃已

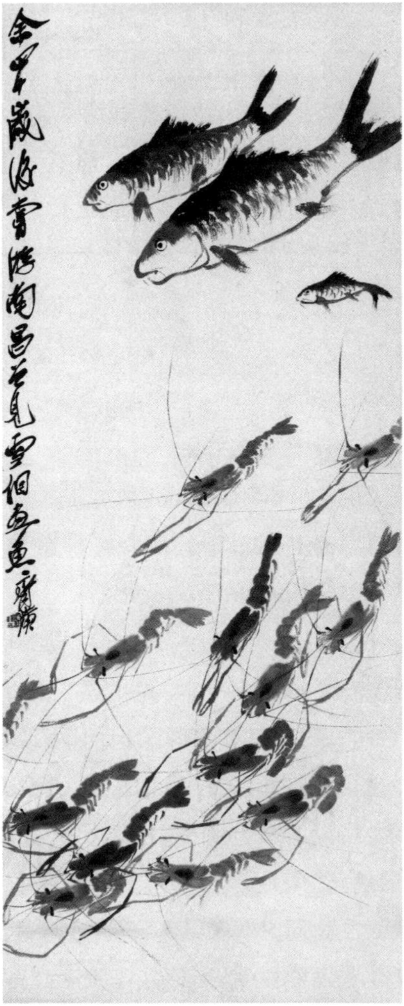

《鱼虾欢戏图》题记：余四十岁后尝游南昌，曾见雪个画鱼

是几十年哪！（次溪按：那年初夏，我随先君同到石镫庵去的，时年十二岁。）

我那时的画，学的是八大山人冷逸的一路，不为北京人所喜爱，除了陈师曾以外，懂得我画的人，简直是绝无仅有。我的润格，一个扇面，定价银币两元，比同时一般画家的价码，便宜一半，尚且很少人来问津，生涯落寞得很。我自题花果画册的诗，有句说：

冷逸如雪个，游燕不值钱。

雪个是八大山人的别号，我的画，虽是追步八大山人，自谓颇得神似，但在北京，确是不很值钱的哩。师曾劝我自出新意，变通办法，我听了他话，自创红花墨叶的一派。我画梅花，本是取法宋朝杨补之（无咎）。同乡尹和伯（金阳），在湖南画梅是最有名的，他就是学的杨补之，我也参酌他的笔意。师曾说：工笔画梅，费力不好看，我又听了他的话，改换画法。同乡易蔚儒（宗夔）是众议院的议员，请我画了一把团扇，给林琴南看见了，大为赞赏，说："南吴北齐，可以媲美。"他把吴昌硕跟我相比，我们的笔路，倒是有些相同的。经易蔚儒介绍，我和林琴南交成了朋友。同时我又认识了徐悲鸿、贺履之、朱悟园等人。我的同乡老友黎松安，因他儿子劭西在教育部任职，也来到北京，和我时常见面。

我跟梅兰芳认识，就在那一年的下半年。记得是在九月初的一天，齐如山来约我同去的。兰芳性情温和，礼貌周到，可以说是恂恂儒雅。那时他住在前门外北芦草园，他书斋名“缀玉轩”，布置得很讲究，听说外国人也常去访他的。他家里种了不少的花木，有许多是外间不经见的，光是牵牛花就有百来种样式，有的开着碗般大的花朵，真是见所未见，从此我也画上了此花。当天兰芳叫我画草虫给他看，亲自给我磨墨理纸，画完了，他唱了一段贵妃醉酒，非常动听。同时在座的，还有两人：一是教他画梅花的汪蔼士，跟我也是熟人。一是福建人李释堪（宣倜），是教他作诗词的，释堪从此也成了我的朋友。

有一次，我到一个大官家去应酬，满座都是阔人，他们看我衣服穿得平常，又无熟友周旋，谁都不来理睬。我窘了半天，自悔不该贸然而来，讨此没趣。想不到兰芳来了，对我很恭敬地寒暄了一阵，座客大为惊讶，才有人来和我敷衍，我的面子，总算圆了回来。事后，我很经意地画了一幅《雪中送炭图》，送给兰芳，题了一诗，有句说：

而今沦落长安市，幸有梅郎识姓名。

势利场中的炎凉世态，是既可笑又可恨的。

民国十年（辛酉·一九二一），我五十九岁。夏午诒在保定，来信约我去过端阳节，同游莲花池，是清末莲池书院旧址，内有朱藤，十分茂盛。我对花写照，画了一张长幅，住了三天回京。秋返湘潭，重阳到家，父母双亲都健康，心颇安慰。九月二十五日得良琨从北京发来电报，说秉灵病重，我同春君立刻动身北行。路过长沙，得良琨信，说秉灵病已轻减，到汉口，又接到信说，病已脱离险境，可以无碍。我才放宽了心，复信给良琨，称赞他办事周密。回到北京，秉灵的病好了。

腊月二十日，宝珠生了个男孩，取名良迟，号子长，这是宝珠的头一胎，我的第四个儿子。那年宝珠才二十岁，春君因她年岁尚轻，生了孩子，怕她不善抚育，就接了过来，亲自照料。夜间专心护理，不辞辛劳，孩子饿了，抱到宝珠身边喂乳，喂饱了又领去同睡。冬令夜长，一宵之间，冒着寒威，起身好多次。这样的费尽心力，爱如己出，真是世间少有，不但宝珠知恩，我也感激不尽。

民国十一年(壬戌·一九二二)，我六十岁，春，陈师曾来谈：日本有两位著名画家，荒木十亩和渡边晨亩，来信邀他带着作品，参加东京府厅工艺馆的中日联合会画展览会，他叫我预备几幅画，交他带到日本去展览出售。我在北京，卖画生涯，本不甚好，有此机会，当然乐于遵从，就画了几幅花卉山水，交他带去。

师曾行后，我送春君回到家乡，住了几天，我到长沙，已是四月初夏之时了。初八那天，在同族逊园家里，见到我的次女阿梅，可怜四年不见，她憔悴得不成样子。她自嫁到宾氏，同夫婿不很和睦，逃避打骂，时常住在娘家，有时住在娘家的同族或亲戚处。听说她的夫婿，竟发了疯，拿着刀想杀害她，幸而跑得快，躲在邻居家，才保住了性命。她屡次望我回到家乡来住，我始终没有答允她。此番相见，说不出有许多愁闷，我作了两首诗，有句说："赤绳勿太坚，休误此华年！"我是婉劝她另谋出路，除此别无他法。

那时张仲飏已先在省城，尚有旧友胡石庵、黎戬斋等人，杨皙子的胞弟重子，名钧，能写隶书，也在一起。我给他们作画刻印，盘桓了十来天，就回到北京。

陈师曾从日本回来，带去的画，统都卖了出去，而且卖价特别丰厚。我的画，每幅就卖了一百元银币，山水画更贵，二尺长的纸，卖到二百五十元银币。这样的善价，在国内是想也不敢想的，还听说法国人在东京，选了师曾和我两人的画，加入巴黎艺术展览会。日本人又想把我们两人的作品和生活状况，拍摄电影，在东京艺术院放映。这都是意想不到的事。我做了一首诗，作为纪念：

曾点胭脂作杏花，百金尺纸众争夸。
平生羞杀传名姓，海国都知老画家。

经过日本展览以后，外国人来北京买我画的很多。琉璃厂的古董鬼，知道我的画，在外国人面前，卖得出大价，就纷纷求我的画，预备去做投机生意。一般附庸风雅的人，也都来请我画了。从此以后，我卖画生涯，一天比一天兴盛起来。这都是师曾提拔我的一番厚意，我是永远忘不了他的。

长孙秉灵，肄业北京法政专门学校，成绩常列优等，去年病后，本年五月又得了病，于十一月初一日死了，年十七岁。回想在家乡时，他才十岁左右，我在借山馆前后，移花接木，他拿着刀凿，跟在我身后，很高兴地帮着我，当初种的梨树，他尤出力不少。我悼他的诗，有云：

梨花若是多情种，应忆相随种树人。

秉灵的死，使我伤感得很。

民国十二年（癸亥·一九二三年），我六十一岁。从本年起，我开始作日记，取名《三百石印斋纪事》。只因性懒善忘，隔着好几天，才记上一回。因此，日子不能连贯，自己看来，聊胜于无而已。中秋节后，我从三道栅栏迁至太平桥高岔拉一号，在辟才胡同西口迤南，沟沿的东边（次溪按：高岔拉现称高华里，沟沿早已填平，现称赵登禹路）。搬进去后，我把早先湘绮师给我写的“寄萍堂”横额，挂在屋内。附近有条胡同，名叫“鬼门关”（次溪按：鬼门关现称贵门关），听说明朝时候，那里是刑人的地方。我作的寄萍堂诗，有两句：

马面牛头都见惯，寄萍堂外鬼门关。

当我在三道栅栏迁出之先，记得是七月二十四日那天，陈师曾来，说他要到大连去。不料我搬到高岔拉后得到消息：师曾在大连接家信,奔继母丧,到南京去,八月初七日得痢疾死了。我失掉一个知己,心里头感觉到异常空虚,眼泪也就止不住地流了下来。我做了几首悼他的诗,有句说:

“哭君归去太匆忙,朋友寥寥心益伤。”“君我有才招世忌,谁知天亦厄君年。”“此后苦心谁识得,黄泥岭上数株松。”

北京旧有一种风气,附庸风雅的人,常常招集画家若干人,在家小饮,预先备好了纸笔画碟,请求合作画一手卷或一条幅,先动笔的,算是这幅画的领袖,在报纸上发表姓名,照例是写在第一名。师曾逢到这种场面,并不谦逊,往往拿起笔来,首先一挥。有的人对他很不满意,他却旁若无人,依然谈笑风生。自他死后,我怀念他生前的豪情逸致,不可再见,实觉怅惘之至,曾有“樽前夺笔失斯人”的诗句。他对于我的画,指正的地方很不少,我都听从他的话,逐步地改变了。他也很虚心地采纳了我的浅见,并不厌恶我的忠告。我有“君无我不进,我无君则退”的两句诗,可以概见我们两人的交谊。可惜他只活了四十八岁,这是多么痛心的事啊!

那年十一月十一日,宝珠又生了一个男孩,取名良已,号子泷,小名迟迟。这是我第五个儿子,宝珠生的次子。

民国十三年(甲子・一九二四),我六十二岁。十四年(乙丑・一九二五),我六十三岁。良琨这几年跟我学画,在南纸铺里也挂上了笔单，卖画收入的润资，倒也不少，足可自立谋生。儿媳张紫环能画梅花，倒也很有点笔力。因为高岔拉房子不够宽敞，他在象坊桥租到了几间房，于甲子年八月初，分居到那边，我给了他一百元的迁居费。到了冬天，他又搬到南闹市口，离我住的高岔拉，并不太远，他和我常相来往。

乙丑年的正月，同乡宾恺南先生从湘潭到北京，我在家里请他吃饭，邀了几位同乡作陪。恺南名玉瓒，是癸卯科的解元，近年来喜欢研究佛学。席间，有位同乡对我说："你的画名，已是传遍国外，日本是你发祥之地，离我们中国又近，你何不去游历一趟，顺便卖画刻印，保管名利双收，饱载而归。"我说："我定居北京，快过九个年头啦！近年在国内卖画所得，足够我过活，不比初到京时的门可罗雀了。我现在饿了，有米可吃，冷了，有煤可烧，人生贵知足，糊上嘴，就得了，何必要那么多钱，反而自受其累呢！"恺南听了，笑着对我说："濒生这几句话，大可以学佛了！"他就跟我谈了许多禅理。他住在西四牌楼广济寺，我去回访，他送了我好几部佛经，劝我学佛。

二月底，我生了一场大病，七天七夜，人事不知，等到苏醒回来，满身无力，痛苦万分。足足病了一个来月，才能起坐。当我病亟时，自己忽发痴想："六十三岁的火坑，从此就算过去了吗？"幸而没有死，又活到了现在。

那年，梅兰芳正式跟我学画草虫，学了不久，他已画得非常生动。

民国十五年（丙寅·一九二六），我六十四岁，春初，回南探视双亲,到了长沙,听说家乡一带,正有战事,道路阻不得通。耽了几天,无法可想,只得折回,从汉口坐江轮到南京,乘津浦车经天津回到北京,已是二月底了。隔不了十几天,三月十五日忽接我长子良元来信,说我母亲病重,恐不易治,要我汇款济急。我打算立刻南行,到家去看看,听得湘鄂一带,战火弥漫,比了上月,形势更紧,我不能插翅飞去,心里焦急如焚,不得已于十六日汇了一百元给良元,我定居北京以来,天天作画刻印,从未间断,这次因汇款之后,一直没有再接良元来信,心乱如麻,不耐伏案,任何事都停顿下来了。到四月十九日,才接良元信,说我母亲于三月初得病,延至二十三日巳时故去,享年八十二岁。弥留时还再三地问:"纯芝回来了没有?我不能再等他了!我没有看见纯芝,死了还悬悬于心的啊!"我看了此信,眼睛都要哭瞎了。既是无法奔丧,只可立即设了灵位,在京成服。这样痛心的事,岂是几句话说得尽的。总而言之,我飘流在外,不能回去亲视含殓,简直不成为人子,不孝至极了。

我母亲一生,忧患之日多,欢乐之日少。年轻时,家境困苦,天天为着柴米油盐发愁,里里外外,熬尽辛劳。年将老,我才得成立,画名传播,生活略见宽裕,母亲心里高兴了些,体气渐渐转强。本来她时常闹病,那时倒可以起床,不经医治,病也自然地好了。后因我祖母逝世,接着我六弟纯俊,我长妹和我长孙,先后夭亡,母亲连年哭泣,哭得两眼眶里,都流出了血,从此身体又见衰弱了。七十岁后,家乡兵匪作乱,几乎没有一天过得安靖日子。我因有了一口饭吃，地痞流氓，逼得我不敢在家乡安居，飘流在北京，不能在旁侍奉，又不能迎养到京，心悬两地，望眼欲穿。今年春初，我到了长沙，离家只有百里，又因道阻，不能到家一见父母，痛心之极。我作了一篇《齐璜母亲周太君身世》一文，也没有说得详尽。

七夕那天，又接良元来信，说我父亲六月初得了寒火症，隔不多久，病渐好转，已经进饭，忽然病又反复，病得非常危险，任何东西都咽不进去。我得信后，心想父亲已是八十八岁了，母亲又已故去，虽有春君照顾着他，我总得回家去看看。才能放心。只因湘鄂两省正是国民革命军和北洋军阀激战的地方，一层一层的战线，无论如何是通不过去的。要想绕道广东，再进湖南。探听得广东方面，大举北伐，沿途兵车拥挤，亦难通行。株守北京，一点办法都没有，心里头同油煎似的，干巴巴地着急。八月初三夜间，良元又寄来快信，我猜想消息不一定是好的，眼泪就止不住地直淌下来。急忙拆信细看，我的父亲已于七月初五日申时逝世。当时脑袋一阵发晕，耳朵嗡嗡地直响，几乎晕了过去。也就在京布置灵堂，成服守制。在这一年之内，连遭父母两次大故，孤儿哀子的滋味，真觉得活着也无甚兴趣。我亲到樊樊山那里，求他给我父母，各写墓碑一纸，又各做像赞一篇，按照他的卖文润格，送了他一百二十多元的笔资。我这为子的，对于父母，只尽了这么一点心力，还能算得是个人吗？想起来，心头非但惨痛，而且也惭愧得很哪！那年冬天，我在跨车胡同十五号，买了一所住房。离高岔拉很近，相差不到一百来步，就在年底，搬了进去。

民国十六年（丁卯·一九二七），我六十五岁。北京有所专教作画和雕塑的学堂，是国立的，名称是艺术专门学校，校长林风眠，请我去教中国画。我自问是个乡巴佬出身，到洋学堂去当教习，一定不容易搞好的。起初，不敢答允，林校长和许多朋友，再三劝驾，无可奈何，只好答允去了，心里总多少有些别扭。想不到校长和同事们，都很看得起我，有一个法国籍的教师，名叫克利多，还对我说过：他到了东方以后，接触过的画家，不计其数，无论中国、日本、印度、南洋，画得使他满意的，我是头一个。他把我恭维得了不得，我真是受宠若惊了。学生们也都佩服我，逢到我上课，都是很专心地听我讲，看我画，一点没有洋学堂的学生动不动就闹脾气的怪事，我也就很高兴地教下去了。

民国十七年（戊辰·一九二八），我六十六岁。北京官僚，暮气沉沉，比着前清末年，更是变本加厉。每天午后才能起床，匆匆到署坐一会儿，谓之上衙门，没有多大工夫，就纷纷散了。晚间，酒食征逐之外，继以嫖赌，不到天明不归，最早亦须过了午夜，方能兴尽。我看他们白天不办正事，竟睡懒觉，画了两幅鸡，题有诗句：

天下鸡声君听否？长鸣过午快黄昏。

佳禽最好三缄口，啼醒诸君日又西。

像这样的腐败习气，岂能有持久不败的道理，所以那年初夏，北洋军阀，整个儿垮了台，这般懒虫似的旧官僚，也就跟着树倒猴儿散了。

广东搞出来的北伐军事，大获胜利，统一了中国，国民革命军到了北京，因为国都定在南京，把北京称作北平。艺术专门学校改称艺术学院，我的名义，也改称为教授。木匠当上了大学教授，跟十九年以前，铁匠张仲飏当上了湖南高等学堂的教务长，总算都是我们手艺人出身的一种佳话了。

九月初一日，宝珠生了个女孩，取名良欢，乳名小乖。我长子良元，从家乡来到北京，探问我起居，并报告了许多家乡消息，我五弟纯隽，在这次匪乱中死去，年五十岁，听了很觉凄然。我作了幅画，纪念我五弟，题了一首诗，开首两句说：

惊闻故乡惨，客里倍伤神。

作客在外，又是老年暮景，怀乡之念，当然是很深的。听到家乡乱事，而况骨肉凋零，更不会不加倍伤神的了。我的《借山吟馆诗草》，是那年秋天印行的。

民国十八年（己巳・一九二九），我六十七岁。十九年（庚午・一九三〇），我六十八岁。二十年（辛未・一九三一），我六十九岁。在我六十八岁时，二弟纯松在家乡死了，他比我小四岁，享年六十四岁。老年弟兄，又去了一个。同胞弟兄六人，现存三弟纯藻四弟纯培两人，连我仅剩半数了，伤哉！辛未正月二十六日,樊樊山逝世于北平,我又少了一位谈诗的知己,悲悼之怀,也是难以形容。三月十一日,宝珠又生了个女孩,取名良止,乳名小小乖。她的姊姊良欢,原来乳名小乖,添了良止,就叫大小乖了。

那年九月十八日,是阴历八月初七日,日本军阀,偷袭沈阳,大规模地发动侵略,我在第二天的早晨,看了报载,气愤万分。心想:东北军的领袖张学良,现驻北平,一定会率领他的部队,打回关外,收复失土的。谁知他并不抵抗,报纸登载的东北消息,一天坏似一天,亡国之祸,迫在眉睫。人家都说,华北处在国防最前线,平津一带,岌岌可危,很多人劝我避地南行。但是大好河山,万方一概,究竟哪里是乐土呢?我这个七十老翁,草间偷活,还有什么办法可想!只好得过且过,苟延残喘了。重阳那天,黎松安来,邀我去登高。我们在此时候,本没有这种闲情逸兴,却因古人登高,原是为了避灾,我们盼望国难早日解除,倒也可以牵缀上登高的意义。那时宣武门拆除瓮城,我们登上了宣武门城楼,东望炊烟四起,好像遍地是烽火,两人都有说不出的感慨。游览了一会,算是应了重阳登高的节景。我作了两首诗,有句说:

莫愁天倒无撑着,犹峙西山在眼前。

因为有许多人,妄想倚赖国联调查团的力量,抑制日本军阀的侵略,我知道这是与虎谋皮,怎能靠得住呢,所以作了这两句诗,去讽刺他们的。

那年,我长子良元,得了孙子,是他次子次生所生的孩子。取名耕夫,那是我的曾孙,我的家庭,已是四代同堂的了。我自担任艺术学院教授,除了艺院学生之外,以个人名义拜我为师的也很不少。门外瑞光和尚,从阜城门外衍法寺住持,调进城内,在广安门内烂漫胡同莲花寺当住持,已有数年,常到我处闲谈。他画的山水,学大涤子很得神髓,在我的弟子中,确是一个杰出的人才,人都说他是我的高足,我也认他是我最得意的门人。有一年重阳,北平的许多名流,在德胜门内积水潭汇通祠登高雅集,瑞光也被邀参加,当场画了一幅《寒碧登高图》,诸名流都有题咏,他的画名,就远近都知了。我的学生邱石冥,任京华美术专门学校校长,请我去兼课,我已兼任了不少日子。曾向石冥推荐瑞光去任教,石冥深知瑞光的人品和他的画格,表示十分欢迎。京华美专原是一所私立学校,权力操在校董会手里,有一个姓周的校董,是个官僚,不知跟瑞光为了什么原因,竭力地反对,石冥不能作主,只得作罢。为了这件事,我心里很不高兴,本想我也辞职不干,石冥苦苦挽留。不便扫他的面子,就仍勉强地兼课下去。同时,尚有两人拜我为师:一是赵羡渔,名铭箴,山西太谷人,是个诗家,书底子深得很;一是方问溪,名俊章,安徽合肥人,他的祖父方星樵,名秉忠,和我是朋友,是个很著名的昆曲家。问溪家学渊源,也是个戏曲家兼音乐家,年纪不过二十来岁。他的姑丈是京剧名伶杨隆寿之子长喜,梅兰芳的母亲,是杨长喜的胞妹,问溪和兰芳是同辈的姻亲，可算得是梨园世家。（次溪按：问溪死得很早，大概不到十年，就故去了。）

你（次溪按：老人说的“你”，指的是我）家的张园，在左安门内新西里三号，原是明朝袁督师崇焕的故居，有听雨楼古迹。尊公篁溪学长在世时，屡次约我去玩，我很喜欢那个地方，虽在城市，大有山林的意趣。西望天坛的森森古柏，一片苍翠欲滴，好像近在咫尺。天气晴和的时候，还能看到翠微山峰，高耸云际。远山近林，简直是天开画屏，百观不厌。有时雨过天晴，落照残虹，映得天半朱霞，绚烂成绮。这样的景色，不是空旷幽静的地方，是不能见到的。附近小溪环绕，点缀着几个池塘，绿水涟漪，游鱼可数。溪上阡陌纵横，稻粱蔬果之外，豆棚瓜架，触目皆是。叱犊呼耕，戽水耕田，俨然江南水乡风景，北地实所少见，何况在这万人如海的大都市里呢？我到了夏天，常去避暑。记得辛未那年，你同尊公特把后跨西屋三间，让给我住，又划了几丈空地，让我莳花种菜，我写了一张“借山居”横额，挂在屋内。我在那里绘画消夏，得气之清，大可以洗涤身心，神思自然就健旺了。

那时令弟仲葛、仲麦，还不到二十岁，暑期放假，常常陪伴着我，活泼可喜。我看他们扑蝴蝶，捉蜻蜓，扑捉到了，都给我做了绘画的标本。清晨和傍晚，又同他们观察草丛里虫豸跳跃，池塘里鱼虾游动，种种姿态，也都成我笔下的资料。我当时画了十多幅草虫鱼虾，都是在那里实地取材的。还画过一幅多虾图，挂在借山居的墙壁上面，这是我生平画虾最得意的一幅。（次溪按：袁督师故宅，清末废为民居，墙垣欹侧，屋宇毁败，萧条之景，不堪寓目。民国初元，先君出资购置，修治整理，添种许多花木，附近的人，称之为张园。先君逝世后，时局多故，庭园又渐见荒芜。一九五八年，我为保存古迹起见，征得舍弟同意，把这房地捐献给政府，今归龙潭公园管理。）

袁督师故居内，有他一幅遗像，画得很好，我曾临摹了一幅。离故居的北面不远，有袁督师庙，听说也是尊公出资修建的，庙址相传是督师当年驻兵之所。东面是池塘，池边有篁溪钓台，是尊公守庙时游息的地方，我和尊公在那里钓过鱼。庙的邻近，原有一座法塔寺，寺已废圮，塔尚存在。再北为太阳宫，内祀太阳星君，据说三月十九为太阳生日，早先到了那天，用糕祭他，名为太阳糕。我所知道的：三月十九是明朝崇祯皇帝殉国的日子，明朝的遗老，在清朝初年，身处异族统治之下，怀念故国旧君，不敢明言，只好托名太阳，太阳是暗切明朝的“明”字意思。相沿了二百多年，到民初才罢祀，最近连太阳糕也很少有人知道的了。

太阳宫的东北，是袁督师墓，每年春秋两祭，广东同乡照例去扫墓。尊公每届必到，也曾邀我去参拜过的。我在张园住的时候，不但袁督师的遗迹，都已瞻仰过了，就连附近万柳堂、夕照寺、卧佛寺等许多名胜，也都游览无遗，万柳堂在清初是著名的，现在柳树已无一存，它邻近的拈花寺，地方倒很清静。夕照寺地址很小，内有陈松画的松树，在庙里的右壁上面，画得苍老挺拔，确是一幅名画。卧佛寺在袁督师墓的西边,相距很近,听说作《红楼梦》的曹雪芹,晚年家道中落,曾在那里住过一时,我根据你作的《过雪芹故居》的诗句"红楼梦断寺门寒",画了一幅《红楼梦断图》(次溪按:这幅图,我后来不慎遗失了)。我连日游览,贤父子招待殷勤,我也是很感谢的。我在《张园春色图》和后来画的《葛园耕隐图》上题的诗句,都是我由衷之言,不是说着空话,随便恭维的。我还把照像留在张园借山居墙上,示后裔的诗说:

后裔倘贤寻旧迹,张园留像葬西山。

这首诗,也可算作我的预嘱哪!(次溪按:《张园春色图》和《钓虾图》,今存中央历史博物馆,《葛园耕隐图》今存广东省博物馆。)

民国二十一年(壬申·一九三二),我七十岁。正月初五日,惊悉我的得意门人瑞光和尚死了,享年五十五岁。他的画,一生专摹大涤子,拜我为师后,常来和我谈画,自称学我的笔法,才能画出大涤子的精意。我题他的画,有句说:

画水钩山用意同,老僧自道学萍翁。

我对于大涤子,本也生平最所钦服的,曾有诗说:

下笔谁教泣鬼神,二千余载只斯僧。

焚香愿下师生拜，昨夜挥毫梦见君。

我们两人的见解，原是并不相背的。他死了，我觉得可惜得很，到莲花寺里去哭了他一场，回来仍是郁郁不乐。我想，人是早晚要死的，我已是七十岁的人了，还有多少日子可活！这几年，卖画教书，刻印写字，进款却也不少，风烛残年，很可以不必再为衣食劳累了，就自己画了一幅《息肩图》，题诗说：

眼看朋侪归去拳，那曾把去一文钱。
先生自笑年七十，挑尽铜山应息肩。

可是画了此图，始终没曾息肩，我劳累了一生，靠着双手，糊上了嘴，看来，我是要劳累到死的啦！

自沈阳沦陷后，锦州又告失守，战火迫近了榆关，平津一带，人心浮动，富有之家，纷纷南迁。北平市上，敌方人员，往来不绝，他们慕我的名，时常登门来访，有的送我些礼物，有的约我去吃饭，还有请我去照相，目的是想白使唤我，替他们拼命去画，好让他们带回国去赚钱发财。我不胜其烦，明知他们诡计多端，内中是有肮脏作用的。况且我虽是一个毫无能力的人，多少总还有一点爱国心，假使愿意去听从他们的使唤，那我简直对不起我这七十岁的年纪了。因此在无办法中想出一个办法：把大门紧紧地关上，门里头加上一把大锁，有人来叫门，我先在门缝中看清是谁，能见的开门请进，不愿见的，命我的女仆，回说“主人不在家”，不去开门，他们也就无法进来，只好扫兴地走了。这是不拒而拒的妙法，在他们没有见着我之时，先给他们一个闭门羹，否则，他们见着了我，当面不便下逐客令，那就脱不掉许多麻烦了。冬，因谣言甚炽，门人纪友梅在东交民巷租有房子，邀我去住，我住了几天，听得局势略见缓和，才又回了家。

我早年跟胡沁园师学的是工笔画，从西安归来，因工笔画不能畅机，改画大写意。所画的东西，以日常能见到的为多，不常见的，我觉得虚无缥缈，画得虽好，总是不切实际。我题画葫芦诗说：

几欲变更终缩手，舍真作怪此生难。

不画常见的而去画不常见的，那就是舍真作怪了。我画实物，并不一味地刻意求似，能在不求似中得似，方得显出神韵。我有句说：

写生我懒求形似，不厌声名到老低。

所以我的画，不为俗人所喜，我亦不愿强合人意，有诗说：

我亦人间双妙手，搔人痒处最为难。

我向来反对宗派拘束，曾云：

逢人耻听说荆关，宗派夸能却汗颜。

也反对死临死摹，又曾说过：

“山外楼台云外峰，匠家千古此雷同。”“一笑前朝诸巨手，平铺细抹死工夫。”

因之，我就常说：

胸中山气奇天下，删去临摹手一双。

赞同我这见解的人，陈师曾是头一个，其余就算瑞光和尚和徐悲鸿了。

我画山水，布局立意，总是反复构思，不愿落入前人窠臼。五十岁后，懒于多费神思，曾在润格中订明不再为人画山水，在这二十年中，画了不过寥寥几幅。本年因你给我编印诗稿，代求名家题词，我答允各作一图为报，破例画了几幅，如给吴北江（闿生）画的《莲池讲学图》，给杨云史（圻）画的《江山万里楼图》，给赵幼梅（元礼）画的《明灯夜雨楼图》，给宗子威（威）画的《辽东吟馆谈诗图》，给李释堪（宣倜）画的《握兰簃填词图》，这几幅图，我自信都是别出心裁，经意之作。

民国二十二年（癸酉·一九三三），我七十一岁。你给我编的《白石诗草》八卷，元宵节印成，这件事，你很替我费了些心，我很感谢你的。我在戊辰年印出的《借山吟馆诗草》，是用石版影印我的手稿，从光绪壬寅到民国甲寅十二年间所作，收诗很少。这次的《白石诗草》，是壬寅以前和甲寅以后作的，曾经樊樊山选定，又经王仲言重选，收的诗比较多。我题词说：

诽誉百年谁晓得，黄泥堆上草萧萧。

我的诗，写我心里头想说的话，本不求工，更无意学唐学宋，骂我的人固然很多，夸我的人却也不少。从来毁誉是非，并时难下定论，等到百年以后，评好评坏，也许有个公道，可是我在黄土垅中，已听不见、看不着的了。谈到文字知己，倒也常常遇着，就说住在苏州的吴江金松岑（天翮）吧，经你介绍，我开始和他通讯。最近你受人之托，求他作传，他回信拒绝，并说：像齐白石这样的人，才不辱没他的文字。他这样看重我，我读了他给你的信，真是感激之余，喜极欲涕。我把一生经历，说给你听，请你笔录下来，寄给他替我做传记的资料。

我的刻印，最早是走的丁龙泓、黄小松一路，继得《二金蝶堂印谱》，乃专攻赵抝叔的笔意。后见《天发神谶碑》，刀法一变，又见《三公山碑》，篆法也为之一变。最后喜秦权，纵横平直，一任自然，又一大变。光绪三十年（甲辰）以前，摹丁、黄时所刻之印，曾经拓存，湘绮师给我作过一篇序。民国六年（丁

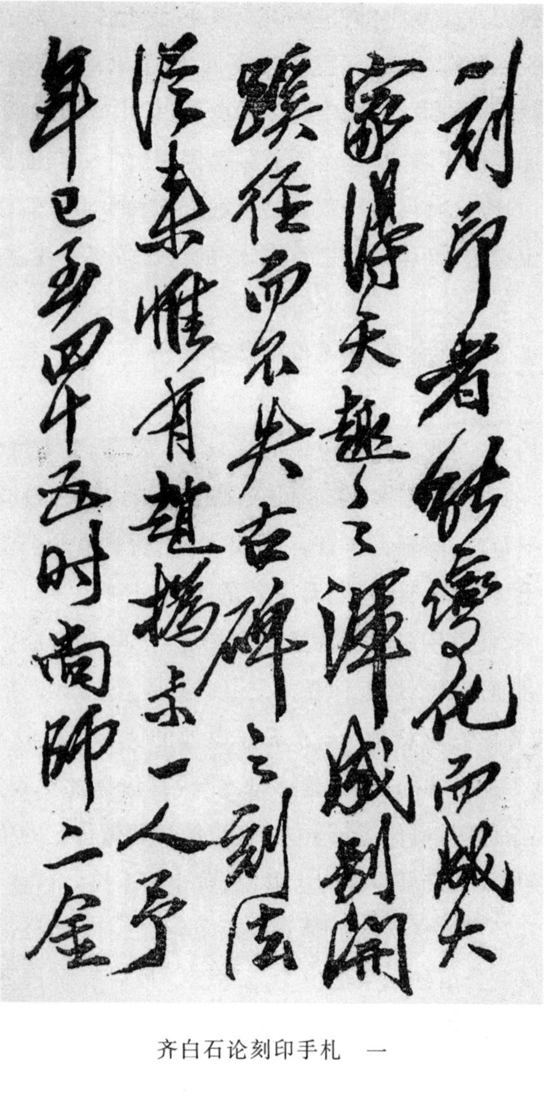
刻印者能變化而成大
家得天趣渾成別開
蹊徑而不失古碑刻法
者惟有趙撝叔一人予
年已至四十五時尚師二金

齐白石论刻印手札　一

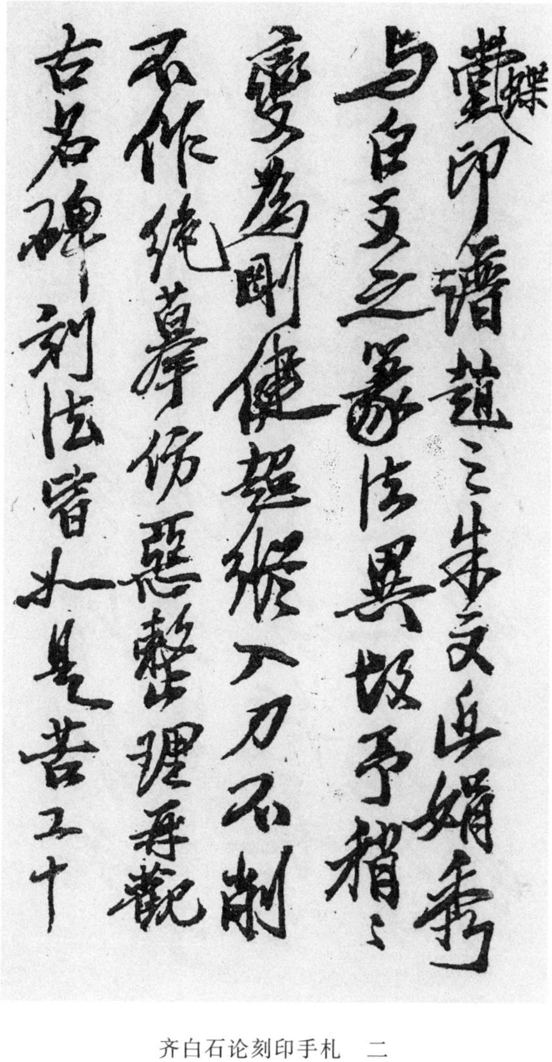

齐白石论刻印手札 二

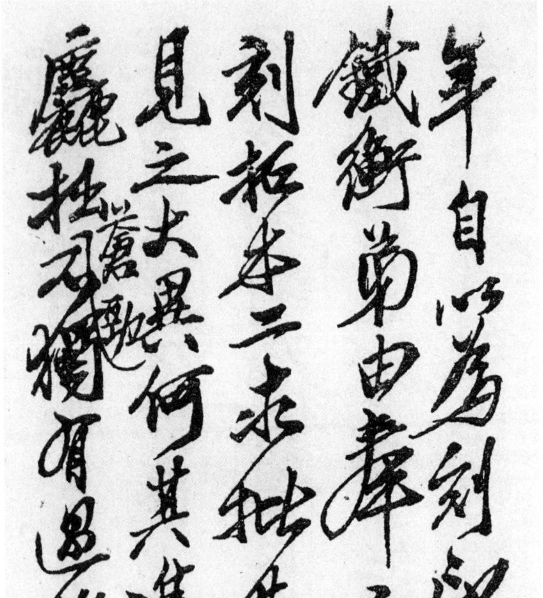
年自以為刻印能矣
鐵衡弟由[illegible]天資是手
刻印未二十秋其短長予
見之大異何其進之猛也其
[illegible]拙刀獨有思想予已能

齐白石论刻印手札　三

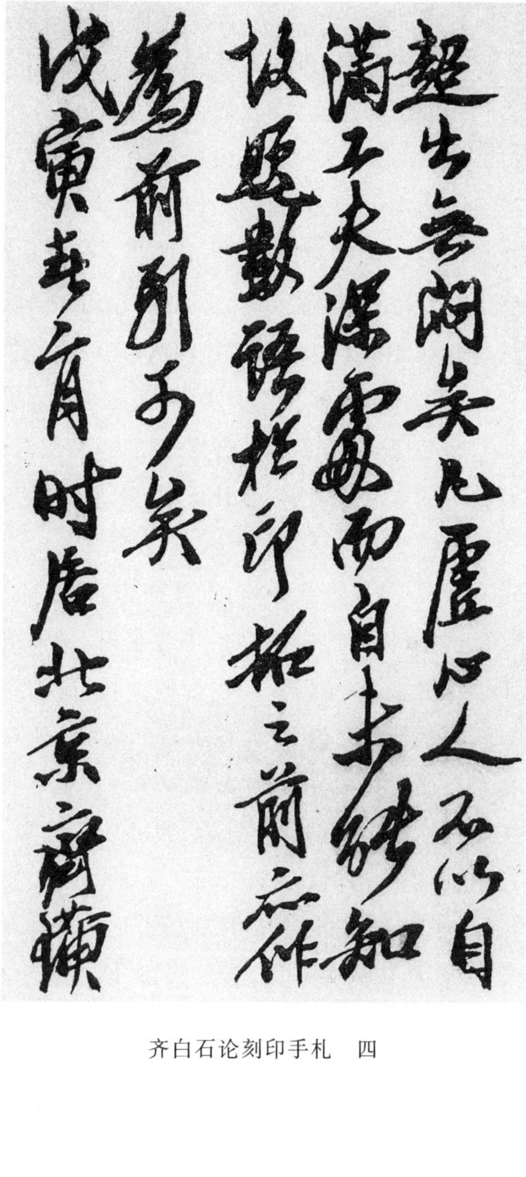

齐白石论刻印手札　四

巳），家乡兵乱，把印拓全部失落，湘绮师的序文原稿，藏在墙壁内，幸得保存。十七年（戊辰），我把丁巳后在北京所刻的，拓存四册，仍用湘绮师序文，刊在卷前，这是我定居北京后第一次拓存的印谱。本年我把丁巳以后所刻三千多方印中，选出二百三十四印，用朱砂泥亲自重行拓存。内有因求刻的人促迫取去，只拓得一二页，制成锌版充数的。此次统都剔出，另选我最近所刻自用的印加入，凑足原数，仍用湘绮师原序列于卷首，这是我在北京第二次所拓的印谱，又因戊辰年第一次印谱出书后，外国人购去印拓二百方，按此二百方，我已无权再行复制，只得把庚午、辛未两年所刻的拓本，装成六册，去年今年刻的较少，拓本装成四册，合计十册，这是我第三次拓的印谱。

三月，见报载，日军攻战热河，平津一带，深受威胁，人心很感恐慌。五月，《塘沽协定》成立，华北主权，丧失殆尽。春夏间，北平谣诼繁兴，我承门人纪友梅的关切，邀我到他的东交民巷寓所去避居，我在他那里，住了二十来天。听说风声松了一点，承尊公厚意见招，又到你家张园小住。前年我画的那幅《多虾图》，仍在借山居的墙上挂着，我补题了几句："星塘，予之生长处也。春水涨时，多大虾，予少小时，以棉花为饵，戏钓之。今越六十余年，故予喜画虾，未除儿时嬉弄气耳。今次溪仁弟于燕京江擦门内买一园，名曰张园，园西有房数间，分借与予，为借山居。予画此，倩吾贤置之借山居之素壁。"八月十三日你的佳期，是我同吴北江两人证婚。你的夫人徐肇琼，画蝴蝶很有点功力,你怂恿她拜在我门下,“人之患好为人师”,既然贤伉俪出于一片至诚,我也就受之不辞了。

冬十二月二十三日,是我祖母马孺人一百二十岁冥诞之期。我祖母于光绪二十七年辛丑十二月十九日逝世,至今已过了三十二个周年了。她生前,我没有多大的力量好好地侍奉,现在逢到她的冥诞,又是百二十岁的大典,理应竭我绵薄,稍尽寸心。那天在家,延僧诵经,敬谨设祭。到了夜晚,焚化冥镪时,我另写了一张文启,附在冥镪上面,一起焚掉。文启说:

> 祖母齐母马太君,今一百二十岁,冥中受用,外神不得强得。今长孙年七十一岁,避匪难,居燕京,有家不能归,将至死不能扫祖母之墓,伤心哉!

想起千里游子,远别故乡庐墓,望眼天涯,黯然魂销。况我垂暮之年,来日苦短,旅怀如织,更是梦魂难安。

民国二十三年(甲戌·一九三四),我七十二岁。我在光绪二十年(甲午)三十三岁时,所刻的印章,都是自己的姓名,用在诗画方面而已。刻的虽不多,收藏的印石,却有三百来方,我遂自名为“三百石印斋”。至民国十一年(壬戌)我六十岁时,自刻自用的印章多了,其中十分之二三,都是名贵的佳石。可惜这些印石,留在家乡,在丁卯、戊辰两年兵乱中,完全给兵匪抢走,这是我生平莫大的恨事。民国十六年(丁卯)以后,我没曾回到家乡去过,在北平陆续收购的印石,又积满了三百方,三百石印斋倒也名副其实,只是石质却没有先前在家乡失掉的好了。上年罗祥止来,向我请教刻印的技法,求我当场奏刀。我把所藏的印石,一边刻给他看,一边讲给他听。祥止说:听我的话,如闻霹雳,看我挥刀,好像呼呼有风声。佩服得了不得,非要拜我为师不可,我就只好答允,收他为门人了。本年又有一个四川籍的友人,也像祥止那样,屡次求我刻给他看,我把指示祥止的技法,照样地指示他。因此,从去年至今,不满一年的时候,把所藏的印石,全数刻完,所刻的印章,连以前所刻,又超过了三百之数,就再拓存下来,留示我子孙。

我刻印,同写字一样。写字,下笔不重描,刻印,一刀下去,决不回刀。我的刻法,纵横各一刀,只有两个方向,不同一般人所刻的,去一刀,回一刀,纵横来回各一刀,要有四个方向,篆法高雅不高雅,刀法健全不健全,懂得刻印的人,自能看得明白。我刻时,随着字的笔势,顺刻下去,并不需要先在石上描好字形,才去下刀。我的刻印,比较有劲,等于写字有笔力,就在这一点。而且写字可以对客挥毫,我刻印也可以对客奏刀。常见他人刻石,来回盘旋,费了很多时间,就算学得这一家那一家的,但只学到了形似,把神韵都弄没了,貌合神离,仅能欺骗外行而已。他们这种刀法,只能说是蚀削,何尝是刻印。老实说,真正懂得是刻的,能有多少人?不过刻与削,决不相同,明眼人也可一望而知,正如鱼目不可混珠,是一样的道理。我常说:世间事,贵痛快,何况篆刻是风雅事,岂是拖泥带水,做得好的呢?本年四月二十一日,宝珠又生了个男孩,取名良年,号寿翁,乳名小翁子。这是我的第六子,宝珠生的第三子。

民国二十四年(乙亥·一九三五),我七十三岁。本年起,我衰败之象叠出,右半身从臂膀到腿部,时时觉得酸痛,尤其可怕的,是一阵阵的头晕,请大夫诊治了几次,略略似乎好些。阳历四月一日,即阴历二月二十八日,携同宝珠南行。三日午刻到家,我的孙辈外孙辈和外甥等,有的已二十往外的人了,见着我面,都不认识。我离家快二十年了,住的房子,没有损坏,还添盖了几间,种的果木花卉,也还照旧,山上的树林,益发地茂盛。我长子良元,时年四十七岁,三子良琨,时年三十四岁,兄弟俩带头,率领着一家子大大小小,把家务整理得有条有理,这都是我的好子孙哪!只有我妻陈春君,瘦得可怜,她今年已七十四岁啦。我在茹家坤家里,住了三天,就同宝珠动身北上。我别家时,不忍和春君相见。还有几个相好的亲友,在家坐待相送,我也不使他们知道,悄悄地离家走了。十四日回到了北平。这一次回家,祭扫了先人的坟墓,我日记上写道:“乌鸟私情,未供一饱。哀哀父母,欲养不存。”我自己刻了一颗“悔乌堂”的印章,怀乡追远之念,真是与日俱增的啊!

我因连年时局不靖,防备宵小觊觎,对于门户特别加以小心。我的跨车胡同住宅,东面临街,我住在里面北屋,廊子前面,置有铁制的栅栏,晚上拉开,加上了锁,比较的严密得多了。阴历六月初四日上午寅刻,我听得犬吠之声,聒耳可厌,亲自起床驱逐。走得匆忙了些，脚骨误触铁栅栏的斜撑，一跤栽了下去。整个身体都落了地，声音很大，我觉着痛得难忍。宝珠母子，听见我呼痛之声，急忙出来，抬我上床，请来正骨大夫，仔细诊治，推拿敷药，疼痛稍减。但是腿骨的筋，已长出一寸有零，腿骨脱了骱，公母骨错开了不相交，几乎成了残疾。我跌倒的地方，原有铁凳一只，幸而在前几天，给宝珠搬到别处去了，否则这一跤栽了下去，不知重伤到什么程度，说不定还有生命危险。我病中，起初躺在床上，动弹不得，慢慢地可以活动些了，但穿衣着鞋，仍得有人扶持，宝珠殷勤照料，日夜不懈，真是难得。我养了一百多天，才渐渐地好了。

民国二十五年(丙子·一九三六)，我七十四岁。阴历三月初七日，清明节的前七天，尊公邀我到张园，参拜袁督师崇焕遗像。那天到的人很多，记得有陈散原、杨云史、吴北江诸位。吃饭的时候，我谈起："我想在西郊香山附近，觅一块地，预备个生圹。前几年，托我同乡汪颂年(诒书)，写过'处士齐白石之墓'七个大字的碑记。墓碑有了，墓地尚无着落。拟恳诸位大作家，俯赐题词，留待他日，俾光泉壤。"当时诸位都允承了，没隔几天，诗词都寄了来，这件事，也很感激你贤父子的。

四川有个姓王的军人，托他住在北平的同乡，常来请我刻印，因此同他通过几回信，成了千里神交。春初，寄来快信，说：蜀中风景秀丽，物产丰富，不可不去玩玩。接着又来电报，欢迎我去。宝珠原是出生在四川的，很想回娘家去看看，遂于阴历四月二十七日，即阴历闰三月初七日，同宝珠带着良止、良年两个孩子，离平南下。二十九夜，从汉口搭乘太古公司万通轮船，开往川江。五月一日黄昏，过沙市。沙市形势，很有些像湘潭，沿江有山嘴拦挡，水从江中流出，江岸成弯形，便于泊船。四日未刻，过万县，泊武陵。我心病发作，在船内很不舒适，到夜半病才好了。五日酉刻，抵嘉州。宝珠的娘家，在转斗桥胡家坤，原是丰都县属，但从嘉州登岸，反较近便。我们到了宝珠的娘家，住了三天，我陪她祭扫她母亲的坟墓，算是了却她一桩心愿。我有诗说：

为君骨肉暂收帆，三日乡村问社坛。
难得老夫情意合，携樽同上草堆寒。

十一日到重庆。十五日宿内江。十六日抵成都，住南门文庙后街。认识了方鹤叟旭。那时，金松岑、陈石遗、黄宾虹，都在成都，本是神交多年，此次见面，倍加亲热。松岑面许给我撰作传记，叫我回平后跟你商量，继续笔录我一生经历，寄给他作参考。（次溪按：金松岑丈是年有信寄给我，也曾谈及此事。）我在国立艺院和私立京华美专教过的学生，在成都的，都来招待我。有的请我吃饭，有的陪我去玩。安徽人开的胡开文笔墨庄，有一个跑外伙友，名叫陈怀卿，跟着我的学生，也称我作老师。七月二十七日，我牙痛甚剧。我当口的两牙，左边的一个，早已白落，右边的一个，摇摇欲坠，亦已三年。因为想起幼龄初长牙时，我祖父、祖母和我父亲、母亲，喜欢得了不得，说："阿芝长牙了！"我小的时候，母亲常说起这句话，我至今还没忘掉。当初他们这样地喜见其生，我老来怎忍轻易地把它拔去呢？所以我忍着疼痛，一直至今。此次这只作痛的病牙，横斜活动，进食很不方便，不吃东西时亦痛得难忍，迫不得已，只可拔落，感念幼年，不禁流泪。

川中山水之佳，较桂林更胜一筹，我游过了青城、峨眉等山，就离别诸友，预备东返。门生们都来相送。我记得俗谚有"老不入川"这句话，预料此番出川，终我之生，未必会再来的了。我留别门生的诗，有句云"蜀道九千年八十，知君不劝再来游"，就是这个意思。八月二十五日离成都，经重庆、万县、宜昌，三十一日到汉口。住在朋友家。因腹泻耽了几天。九月四日，乘平汉车北行，五日到北平，回家。有人问我："你这次川游，既没有作多少诗，也没有作什么画，是不是心里有了不快之事，所以兴趣毫无了呢？"我告诉他说："并非如此！我们去时是四个人，回来也是四个人，心里有什么不快呢？不过四川的天气，时常浓雾蔽天，看山是扫兴的。"我背了一首《过巫峡》的诗给他听：

怒涛相击作春雷，江雾连天扫不开。
欲乞赤乌收拾尽，老夫原为看山来。

俗谚说："天无三日晴，地无三里平。"四川的天时地理，确有这样的情形。

八　避世时期(一九三七——一九四八)

民国二十六年(丁丑·一九三七),我七十七岁。早先我在长沙,舒贻上之鎏给我算八字,说"在丁丑年,脱丙运,交辰运。辰运是丁丑年三月十二日交,壬午三月十二日脱。丁丑年下半年即算辰运,辰与八字中之戌相冲,冲开富贵宝藏,小康自有可期,惟丑辰戌相刑,美中不足"。又说:"交运时,可先念佛三遍,然后默念辰与酉合若干遍,在立夏以前,随时均宜念之。"又说:"十二日戌时,是交辰运之时,属龙属狗之小孩宜暂避,属牛羊者亦不可近。本人可佩一金器,如金戒指之类。"念佛,带金器,避见属龙属狗属牛羊的人,我听了他话,都照办了。我还在他批的命书封面,写了九个大字:"十二日戌刻交运大吉。"又在里页,写了几行字道:"宜用瞒天过海法,今年七十五,可口称七十七,作为逃过七十五一关矣。"从丁丑年起,我就加了两岁,本年就算七十七岁了。

二月二十七日,即阴历正月十七日,宝珠又生了一个女孩,取名良尾,生了没有几天,就得病死了。这个孩子,生的倒还秀丽,看样子不是笨的,可惜是昙花一现,像泡沫似的一会儿就幻灭了。

七月七日，即阴历五月二十九日，那天正交小暑节，天气已是热得很。后半夜，日本军阀在北平广安门外卢沟桥地方，发动了大规模的战事。卢沟桥在当时，是宛平县的县城，城虽很小，却是一个用兵要地，俨然是北平的屏障，失掉了它，北平就无险可守了。第二天，是阴历六月初一日，早晨见报，方知日军蓄意挑衅，事态有扩大可能，果然听到西边嘭嘭嘭地好几回巨大的声音，乃是日军轰炸了西苑。接着南苑又炸了，情势十分紧张。过了两天，忽然传来讲和的消息。但是，有一夜，广安门那边，又有啪啪啪的机枪声，闹了大半宵。如此停停打打，打打停停，闹了好多天。到了七月二十八日，即阴历六月二十一日，北平天津相继都沦陷了。前几天所说的讲和，原来是日军调兵遣将、准备大举进攻的一种诡计。我们的军队，终于放弃了平津，转向内地而去。

这从来没曾遭遇过的事情，一旦身临其境，使我胆战心惊，坐立不宁。怕的是：沦陷之后，不知要经受怎样的折磨，国土也不知哪天才能光复，那时所受的刺激，简直是无法形容。我下定决心，从此闭门家居，不与外界接触。艺术学院和京华美术专门学校两处的教课，都辞去不干了。亡友陈师曾的尊人散原先生于九月间逝世，我作了一副挽联送了去，联道：

为大臣嗣，画家爷，一辈作诗人，消受清闲原有命；
由南浦来，西山去，九天入仙境，乍经离乱岂无愁。

下联的末句,我有说不尽的苦处,含蓄在内。我因感念师曾生前对我的交谊,亲自到他尊人的灵前行了个礼,这是我在沦陷后第一次出大门。

民国二十七年(戊寅·一九三八),我七十八岁。瞿兑之来请我画《超览楼禊集图》,我记起这件事来了!前清宣统三年三月初十日,是清明后两天,我在长沙,王湘绮师约我到瞿子玖超览楼看樱花海棠,命我画图,我答允了没有践诺。兑之是子玖的小儿子,会画几笔梅花,曾拜尹和伯为师,画笔倒也不俗。他请我补画当年的《禊集图》,我就画了给他,了却一桩心愿。

六月二十三日,即阴历五月二十六日,宝珠生了个男孩,这是我的第七子,宝珠生的第四子。我在日记上写道:"二十六日寅时,钟表乃三点二十一分也。生一子,名曰良末,字纪牛,号耋根。此子之八字:戊寅,戊午,丙戌,庚寅,为炎上格,若生于前清时,宰相命也。"我在他的命册上批道:"字以纪牛者,牛,丑也,记丁丑年怀胎也。号以耋根者,八十为耋,吾年八十,尚留此根苗也。"

超览楼禊集图

十二月十四日，孙秉声生，是良迟的长子，良迟是我的第四子，宝珠所生的第一子，今年十八岁，娶的是献县纪文达公后裔纪彭年的次女。宝珠今年三十七岁，已经有了孙子啦，我们家，人丁可算兴旺哪！美中不足的是：秉声生时，我的第六子良年，乳名叫作小翁子的，病得很重，隔不到十天，十二月二十三日死了，年才五岁。这孩子很有点夙根，当他三岁时，知识渐开，已能懂得人事，见到爱吃的东西，从不争多论少，也不争先恐后，父母唤他才来，分得的还要留点给父母。我常说："孔融让梨，不能专美于前，我家的小翁子，将来一定是有出息的。"

不料我有厚望的孩子，偏偏不能长寿，真叫我伤心！又因国难步步加深，不但上海南京，早已陷落，听说我们家乡湖南，也已沦入敌手，在此兵荒马乱的年月，心绪恶劣万分，我的日记《三百石印纪事》，无意再记下去，就此停笔了。

民国二十八年（己卯·一九三九），我七十九岁。二十九年（庚辰·一九四〇），我八十岁。自丁丑年北平沦陷后，这三年间，我深居简出，很少与人往还，但是登我门求见的人，非常之多。敌伪的大小头子，也有不少来找我的，请我吃饭，送我东西，跟我拉交情，图接近，甚至要求我跟他们一起照相，或是叫我去参加什么盛典，我总是婉辞拒绝，不出大门一步。他们的任何圈套，都是枉费心机。我怕他们纠缠不休，懒得跟他们多说废话，干脆在大门上贴一张纸条，写了十二个大字："白石老人心病复作，停止见客。"我原来是确实有点心脏病的，并不严重，就借此为名，避免与他们接近。“心病”两字，另有含义，我自谓用得很是恰当。只因物价上涨，开支增加，不靠卖画刻印，无法维持生活，不得不在纸条上，补写了几句：“若关作画刻印，请由南纸店接办。”那时，囤积倒把的奸商，非常之多，他们发了财，都想弄点字画，挂在家里，装装门面，我的生意，简直是忙不过来。

二十八年己卯年底，想趁过年的时候，多休息几天，我又贴出声明：“二十八年十二月初一起，先来之凭单退，后来之凭单不接。”

过了年，二十九年庚辰正月，我为了生计，只得仍操旧业，不过在大门上，加贴了一张“画不卖与官家，窃恐不祥”的告白，说：“中外官长，要买白石之画者，用代表人可矣，不必亲驾到门。从来官不入民家，官入民家，主人不利。谨此告知，恕不接见。”这里头所说的“官入民家，主人不利”的话，是有双关意义的。我还声明：“绝止减画价，绝止吃饭馆，绝止照相。”在绝止减画价的下面，加了小注：“吾年八十矣，尺纸六圆，每圆加二角。”另又声明：“卖画不论交情，君子自重，请照润格出钱。”我是想用这种方法，拒绝他们来麻烦的。还有给敌人当翻译的，常来讹诈，有的要画，有的要钱，有的欺骗，有的硬索，我在墙上，又贴了告白，说：“切莫代人介绍，心病复作，断难报答也。”又说：“与外人翻译者，恕不酬谢，求诸君莫介绍，吾亦苦难报答也。”

这些字条，日军投降后，我的看门人尹春如，从大门上揭了下来，归他保存。春如原是清朝宫里的太监，分配到肃王府，清末，侍候过肃亲王善耆的。

畫不賣與官家竊恐不祥
告白
中外官長要買白石之
畫者用代表人可也不
必親駕到門從來
官不入民家官入民家主
人不利
白石啓

齐白石门条

二月初，得良元从家乡寄来快信，得知我妻陈春君，不幸于正月十四日逝世，寿七十九岁。春君自十三岁来我家，熬穷受苦,从无怨言,二十岁上跟我圆了房,这漫长岁月之间,重堂侍奉,儿女养育,家务撑持,避乱迁移,都是由她负担,使我免去内顾之忧。我定居北平,恐我客中寂寞,为我聘了宝珠,随侍照料。宝珠初生孩子,恐其年轻不善抚育,亲自接了过去,昼则携抱,夜则同睡,嘘拂爱护,如同己出。我在北平,卖画为活,北来探视,三往三返,不辞跋涉。相处六十多年,我虽有恒河沙数的话,也难说尽贫贱夫妻之事,一朝死别,悲痛刻骨,泪哭欲干,心摧欲碎,作了一副挽联:

怪赤绳老人,系人夫妻,何必使人离别;
问黑面阎王,主我生死,胡不管我团圆。

又作了一篇祭文,叙说我妻一生贤德,留备后世子孙,观览勿忘。

良元信上还说,春君垂危之时,口嘱儿孙辈,慎侍衰翁,善承色笑,切莫使我生气。我想:远隔千里,不能当面诀别,这是她一生最后的缺恨,叫我用什么方法去报答她呢?我在北平,住了二十多年,雕虫小技,天下知名,所教的门人弟子,遍布南北各省,论理,应该可以自慰的了,但因亲友故旧,在世的已无多人,贤妻又先我而去,有家也归不得,想起来,就不免黯然销魂了。我派下男子六人,女子六人,儿媳五人,孙曾男女共四十多人,见面不相识的很多。人家都恭维我多寿多男,活到八十岁,不能说不多寿;儿女孙曾一大群,不能说不多男;只是福薄，说来真觉惭愧。

民国三十年（辛巳·一九四一），我八十一岁。宝珠随侍我二十多年，勤俭柔顺，始终不倦，春君逝世后，很多亲友，劝我扶正，遂于五月四日，邀请在北平的亲友二十余人，到场作证。先把我一生劳苦省俭，积存下来的一点薄产，分为六股，春君所生三子，分得湖南家乡的田地房屋，宝珠所生三子，分得北平的房屋现款，春君所生的次子良黼，已不在人世，由次儿媳同其子继承。立有分关产业字据，六人各执一份，以资信守。分产竣事后，随即举行扶正典礼，我首先郑重声明："胡氏宝珠立为继室！"到场的二十多位亲友，都签名盖印。我当着亲友和儿孙等，在族谱上批明："日后齐氏续谱，照称继室。"宝珠身体素弱，那天十分高兴，招待亲友，直到深夜，毫无倦累神色。

隔不多天，忽有几个日本宪兵，来到我家，看门人尹春如拦阻不及，他们已直闯进来，嘴里说着不甚清楚的中国话，说是："要找齐老头儿。"我坐在正间的藤椅子上，一声不响，看他们究竟要干些什么，他们问我话，我装得好像一点儿都听不见，他们近我身，我只装没有看见，他们叽哩吐噜，说了一些我听不懂的话，也就没精打采地走了。事后，有人说："这是日军特务，派来吓唬人的。"也有人说："是几个喝醉的酒鬼，存心来捣乱的。"我也不问其究竟如何，只嘱咐尹春如，以后门户，要加倍小心，不可再疏忽，吃此虚惊。

民国三十一年（壬午·一九四二），我八十二岁。在七八

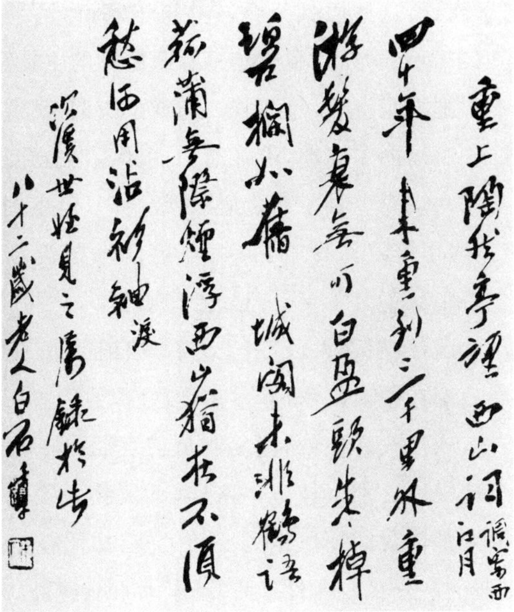

齐白石为张次溪书《西江月·重上陶然亭望西山》

年前，就已想到：我的岁数，过了古稀之年，桑榆暮景，为日无多，家乡辽远，白云在望，生既难还，死亦难归。北平西郊香山附近，有万安公墓，颇思预置生圹，备作他日葬骨之所，曾请同乡老友汪颂年写了墓碑，又请陈散原、吴北江、杨云史诸位题词作纪念。只是岁月逡巡，因循坐误，香山生圹之事，未曾举办。二十五年丙子冬，我又想到埋骨在陶然亭旁边，风景既优美，地点又近便，复有香冢、鹦鹉冢等著名胜迹，后人凭吊，倒也算作佳话。知道你曾替人成全过，就也托你代办一穴，可惜你不久离平南行,这些停顿至今。上年年底,你回平省亲,我跟你谈起旧事,承你厚意,和陶然亭慈悲禅林的主持慈安和尚商妥,慈安愿把亭东空地一段割赠,这真是所谓“高谊如云”的了。正月十三日,同了宝珠,带着幼子,由你陪去,介绍和慈安相晤,谈得非常满意。看了看墓地,高敞向阳,苇塘围绕,确是一块佳域。当下定议。我填了一阕《西江月》的词,后边附有跋语,说:“壬午春正月十又三日,余来陶然亭,住持僧慈安赠妥坟地事,次溪侄,引荐人也,书于词后,以记其事。”但因我的儿孙,大部分都在湖南家乡,万一我死之后,他们不听我话,也许运柩回湘,或是改葬他处,岂不有负初衷,我写一张委托书交你收存,免得他日别生枝节。这样,不仅我百年骸骨,有了归宿,也可算是你我的一段生死交情了。(次溪按:老人当时写的委托书说:“百年后埋骨于此,虑家人不能遵,以此为证。”我曾请徐石雪丈宗浩,画过一幅《陶然亭白石觅圹图》,名流题词甚多,留作纪念。)

那年,我给你画的《萧寺拜陈图》,自信画得很不错,你请人题的诗词,据我看:傅治芗岳芬题的那首七绝,应该说是压卷。我同陈师曾的交谊,你是知道的,我如没有师曾的提携,我的画名,不会有今天。师曾的尊人散原先生在世时,记得是二十四年乙亥的端阳节左右,你陪我到姚家胡同去访问他,请他给我作诗集的序文,他知道了我和师曾的关系,慨然应允。没隔几天,序文就由你交来。我打算以后如再刊印诗稿,陈、樊二位的序文,一起刊在卷前,我的诗稿,更可增光得多了。

我自二十六年丁丑六月以后，不出家门一步。只在丁丑九月，得知散原先生逝世的消息，破例出了一次门，亲自去拜奠，他灵柩寄存在长椿寺，我也听人说起过，这次你我同到寺里去凭吊，我又破例出门了。（次溪按：散原太世丈逝世时，我远客江南，壬午春，我回平，偶与老人谈及，拟往长椿寺祭拜，老人愿偕往，归后，特作《萧寺拜陈图》给我，我征集题词很多。傅治芗丈诗云："槃槃盖世一棺存，岁瓣心香款寺门。彼似沧洲陈太守，重封马鬣祭茶村。"老人谓着墨无多，而意味深长，此图此诗，足可并垂不朽。）

民国三十二年（癸未·一九四四），我八十三岁。自从卢沟桥事变至今，已过了六个年头，天天提心吊胆，在忧闷中过着苦难日子。虽还没有大祸临身，但小小的骚扰，三天两头总是不免。最难应付的，就是假借买画的名义，常来捣乱，我这个八十开外的老翁，哪有许多精力，同他们去作无谓周旋。万不得已，从癸未年起，我在大门上，贴了四个大字："停止卖画。"从此以后，无论是南纸店经手，或朋友们介绍，一概谢绝不画。家乡方面的老朋友，知道我停止卖画，关心我的生活，来信问我近况。我回答他们一首诗，有句云：

寿高不死羞为贼，不丑长安作饿饕。

我是宁可挨冻受饿，决不甘心去取媚那般人的。我心里正在愁闷难遣的时候，偏偏又遭了一场失意之事：十二月十二日，继室胡宝珠病故,年四十二岁。宝珠自十八岁进我家门,二十多年来,善事我的起居,寒暖饥饱,刻刻关怀。我作画之时,给我理纸磨墨,见得我的作品多了,也能指出我笔法的巧拙,市上冒我名的假画,一望就能辨出,我偶或有些小病,她衣不解带地昼夜在我身边,悉心侍候。春君在世时,对她很是看重,她也处处不忘礼节,所以妻妾之间,从未发生龃龉。我本想风烛之年,仗她护持,身后之事,亦必待她料理,不料她方中年,竟先衰翁而去,怎不叫我洒尽老泪,犹难抑住悲怀哩!

民国三十三年(甲申·一九四四),我八十四岁。我满怀积忿,无可发泄,只有在文字中,略吐不幸之气。胡冷庵拿他所画的山水卷子,叫我题诗,我信笔写了一首七绝,说:

对君斯册感当年,撞破金瓯国可怜。
灯下再三挥泪看,中华无此整山川。

我这诗很有感慨。我虽停止卖画,但作画仍是天天并不间断,所作之画,分给儿女们保存。我画的《鸬鹚舟》,题诗道:

大好江山破碎时,鸬鹚一饱别无知。
渔人不识兴亡事,醉把扁舟系柳枝。

我题门生李苦禅画的《鸬鹚鸟》,写了一段短文道:

此食鱼鸟也,不食五谷。鸬鹚之类,有时河涸江干,或有饿死者,渔人以肉饲其饿者,饿者不食。故旧有谚云:鸬鹚不食鸬鹚肉。

这是说汉奸们同鸬鹚一样的“一饱别无知”,但“鸬鹚不食鸬鹚肉”,并不自戕同类,汉奸们对之还有愧色哩。我题群鼠图诗:

群鼠群鼠,何多如许!何闹如许!
既啮我果,又剥我黍。
烛灺灯残天欲曙,严冬已换五更鼓。

又题画螃蟹诗:

处处草泥乡,行到何方好!
昨岁见君多,今年见君少。

我见敌人的泥脚愈陷愈深,日暮途穷,就在眼前,所以拿老鼠和螃蟹来讽刺它的。有人劝我明哲保身,不必这样露骨地讽刺。我想:残年遭乱,死何足惜,拼着一条老命,还有什么可怕的呢?

六月七日,忽然接到艺术专科学校的通知,叫我去领配给煤。艺专本已升格为学院,沦陷后又降为专科学校。那时各学校的大权,都操在日籍顾问之手,各学校里,又都聘有日文教员,也是很有权威,人多侧目而视。我脱离艺校,已有七年,为什么凭空给我这份配给煤呢？其中必有原因，我立即把通知条退了回去，并附了一封信道："顷接艺术专科学校通知条，言配给门头沟煤事。白石非贵校之教职员，贵校之通知误矣。先生可查明作罢论为是。"煤在当时，固然不易买到，我齐白石又岂是没有骨头、爱贪小便宜的人，他们真是错看了人哪！朋友因我老年无人照料，介绍一位夏文珠女士来任看护，那是九月间事。

民国三十四年（乙酉·一九四五），我八十五岁。三月十一日，即阴历正月二十七日，我天明复睡，得了一梦：立在余霞峰借山馆的晒坪边，看见对面小路上有抬殡的过来，好像是要走到借山馆的后面去。殡后随着一口没有上盖的空棺，急急地走到殡前面，直向我家走来。我梦中自想，这是我的棺，为什么走的这样快？看来我是不久人世了。心里头一纳闷，就惊醒了。醒后，愈想愈觉离奇，就作了一副自挽联道：

有天下画名，何若忠臣孝子；

无人间恶相，不怕马面牛头。

这不过无聊之极，聊以解嘲而已。

到了八月十四日，传来莫大的喜讯：抗战胜利，日军无条件投降。我听了，胸中一口闷气，长长地松了出来，心里头顿时觉得舒畅多了。这一乐，乐得我一宵都没睡着，常言道，心花怒放，也许有点相像。十月十日是华北军区受降的日子，熬了八年的苦，受了八年的罪，一朝拨开云雾，重见天日，北平城里，人人面有喜色。虽说不久内战又起，物价飞涨，兼之贪污风行，一团稀糟，人人又大失所望，但在那时，老百姓们确是振奋得很。那天，侯且斋、董秋崖、余倜等来看我，留他们在家小酌，我作了一首七言律诗，结联云：

莫道长年亦多难，太平看到眼中来。

我和一般的人，一样的看法，以为太平日子，已经到来，谁知并不是真正的太平年月啊！

民国三十五年（丙戌·一九四六），我八十六岁。抗战结束，国土光复，我恢复了卖画刻印生涯，琉璃厂一带的南纸铺，把我的润格，照旧地挂了出来。我的第五子良已，在辅仁大学美术系读书学画，颇肯用功，平日看我作画，我指点笔法，也能专心领会，仿我的作品，人家都说可以乱真，求他画的人，也很不少。十月，南京方面来人，请我南下一游，是坐飞机去的，我的第四子良迟和夏文珠同行。先到南京，中华全国美术会举行了我的作品展览；后到上海，也举行了一次展览。我带去的二百多张画，全部卖出，回到北平，带回来的“法币”，一捆一捆的数目倒也大有可观，等到拿出去买东西，连十袋面粉都买不到了。这玩笑开得多么大啊！我真悔此一行。

十二月十九日，女儿良欢死了，年十九岁。良欢幼时，乖巧得很，刚满周岁，牙牙学语，我教她认字，居然识了不忘，所以乳名小乖。有了她妹妹良止，乳名小小乖，她就叫作大小乖了。可怜这个大小乖，自她母亲故去后，郁郁不乐，三年之间，时常闹些小病，日积月累，遂致不起，我既痛她短命，又想起了她的母亲，衰年伤心，洒了不少老泪。

民国三十六年（丁亥·一九四七），我八十七岁。三十七年（戊子·一九四八），我八十八岁。这两年，常有人来劝我迁往南京、上海等地，还有人从杭州来信，叫我去主持西湖美术院。我回答他一首诗，句云：

北房南屋少安居，何处清平著老夫？

我在胜利初期，一片欢欣的希望，早已烟消云散，还有什么心绪，去奔走天涯呢？

那时，“法币”已到末路，几乎成了废纸，一个烧饼，卖十万元，一个最次的小面包，卖二十万元，吃一顿饭馆，总得千万元以上，真是骇人听闻。接着改换了“金圆券”，一圆折合“法币”三百万元，刚出现时，好像重病的人，缓过一口气，但一霎眼间，物价的涨风，一日千变，波动得大，崩溃的快，比了“法币”，更是有加无已。这种烂纸，信用既已扫地，人们纷纷抢购实物，票子到手，立刻就去换上东西，价钱贵贱，倒也不计较，物价因之益发上跳。囤积倒把的人，街头巷尾，触目皆是。他们异想天开，把我的画，也当作货物一样，囤积起来。拿着一堆废纸似的“金圆券”，订我的画件，一订就是几十张几百张。我案头积纸如山,看着不免心惊肉跳。朋友跟我开玩笑,说:“看这样子,真是‘生意兴隆通四海,财源茂盛达三江’了。”实则我耗了不少心血,费了不少腕力,换得的票子,有时一张画还买不到几个烧饼,望九之年,哪有许多精神?弄来许多废纸,欺骗自己呢?只得叹一口气,挂出“暂停收件”的告白了。

附录一　齐璜生平略自述

齐璜岁龀龄，见狗子猫儿则笑，见生客则哭，呵呵若有所责。祖父祖母爱之。小时多病，病危时，祖母尝祷于神祈（祇），以头叩地作声，伤处坟起。四五岁时，或柴火围炉，祖父以钳画灰教“纯芝”二字，曰：“此汝名也。”尝以黑羊皮衣左襟裹于怀睡之。年九岁，外祖父设村学于白石铺之枫林亭，予走读，春雨泥泞，祖父负予于背，左手提饭箩，右手把雨伞，口教《论语》，是日所读之书，途中早熟记矣。曰：“汝用心若是，惜越明年，将欲汝牧牛。”一日，祖母使予与二弟纯松各佩一铃，言曰：“汝兄弟日夕未归，吾则倚门而望，闻铃声渐近，知汝归矣，吾始安心为晚炊也。”予闻此数语，当即流泪。是时，予年虽小，觉读书有味，牛放于枫林亭外，仍就外祖父点《论语》下卷，坐草间读之；如手欲拾薪，将书挂牛角，归则写字。一日，祖母正色曰：“汝只管读书写字，生来时走错了人家。谚云：‘三日风，四日雨，那见文章锅里煮？’明朝无柴米，吾儿奈何！算命先生谓汝终当别祖离乡，汝果欲读书做官，远离故乡耶？”年十又二，先父令其从事于大匠，作乡里之木器，粗细皆工。朝为工，夜习画。二十岁从胡沁园、萧芗陔游，能写真，犹不能与人通书简。客南泉，黎雨民赠笺纸十匣与予，隔壁通函，予不得已，每强答，如是数月，能老实成文。由是与黎松庵互相摹印，与王仲言，罗真吾、醒吾，陈茯根，胡石安诸人为诗友，借龙山僧寺为诗社，谓为“龙山七子”，推予为社长，论齿也。三十八岁，人求画南岳七十二峰图，酬二百四十金，始佃莲花峰下百梅祠屋居焉。强出星斗塘时，吾祖母尚存。乌私无补，予之不成人子，乃此一大事也。年四十，时天正寒，忽得友人夏午诒、郭葆生来电报，聘之长安为画师。风雪过灞桥，识樊樊山。越明年春三月，夏偕予入都，教姚无双作画。将行时，樊山约予曰：“吾五月亦必到京，荐君见慈禧，并荐缪夫人作借山之门客。”其年癸卯闰五月，樊山始到京，探问，齐山人前五月，过黑水洋，转上海还湘矣。夏、樊相语曰：“此人志高性僻，真隐逸之一流。伊未出京时，吾欲赠钱若干，劝其就便引见，捐一县丞，其职虽小，亦朝中命官。现吾父已升江西巡抚，先生相见到印如何？伊不答，竟出京。”甲辰，闻湘绮老人游江西，予亦往晤。衡州之铜匠曾招吉，湘潭之铁工张仲飏，乃湘绮之门客，凡十三人。七月七日，乘小轿，七十有余之老师亲身约客曰：“南昌自曾文正去后，文风寥落。吾今日门客赠来石榴，今夕可共食。”是夕，师留小住，与故人之子孙对坐。忽传来一纸条，十字：地灵胜江汇，星聚及秋期。并云：依年齿联句。此作诗之盛会，算第一度出京。予如是游桂林，看阳羡山水，看独秀山之一灯乱星。越年，再游桂林，转广东之钦州，过东兴之铁桥，看安南之风景。再过黑水洋，至苏州，看中秋无月之虎丘山。十年之中，五出五归，世味饱尝，便思缩足。买山近衡岳，碧纱橱里读书十年，著有《借山吟馆诗草》。值丁巳乡乱，无处逃避，偶与樊山书，答函劝予居京都，可卖画自食。故友得与樊山、松庵、宗子威、赵幼梅、杨云史、贺孔才、陈散原常晤谈。今樊山死，诸友皆离散。今年晤陈石遗、金松岑、方鹤叟三君于成都，此生之朋友相识最晚者包。湘上有家不容予归，时年七十又六矣。能活几何？因营生圹于香山之阳，于右任、汪贻书皆为书墓碑，文曰：处士齐白石之墓。予回思祖母所谓之算命先生之决断如此，真神乎技矣！

附录二　白石自状略

生于湘潭南行百里杏子坞星斗塘老屋。八岁，始从外王父读书于白石铺枫叶亭。春雨泥泞，王父左提饭箩，右擎雨伞，朝送，暮复往负归。姓（性）喜画，以习字之纸裁半张画渔翁。起外王父尝责之，犹不能已。秋，因病，读书止之，在家以记事账部（簿）取纸仍旧写画。一日，王母曰："汝父无兄弟，得长孙爱如掌珠，以为耕种有助力人矣。汝小时善病，巫医无功。吾与汝母祷于神祈（祇），叩头作声，额肿坟起，尝忘其痛苦。医谓食乳，母宜禁油腻。汝母过年节，尝不知肉味。吾播百谷，负汝于背，如影不离身。今既力能砍柴为炊，汝只管写字。俗语云：三日风，四日雨，那见文章锅里煮。明朝无米，吾孙奈何？惜汝生来时走错了人家。"如是，将《论语》挂于牛角，日日负薪，以为常事。年十二，王父去世，璜感以指画膝、炉钳画灰教之识姓名字样，皮衣抱睡、孙暖自寒（王父尝以乌羊皮裘抱孙于怀中，暖睡为乐），璜哭泣三日不食。是年，璜父教之扶犁。因年小力弱，转学木工。朝为工，暮归，以松油柴火为灯，习画十余年。

年廿又七，慕胡沁园、陈少蕃二先生为一方风雅正人君子，事为师，学诗画。萧芗陔、文少可不辞百里，往教于星斗塘。从此画山水人物都能，更能写真于乡里，能得酬金以供仰事俯蓄。借五龙山僧寺为诗社，社友王仲言辈凡七人，谓为“七子”。推璜为龙山社长，黎松庵、薇荪、雨民为诗友。识张仲飏，得见王湘绮，拜为弟子。辛丑，识李翰屏。蔡□□（枚功）谓翰屏曰：“国有颜子而不知，深以为耻。请来相见。”壬寅，年四十二，识夏午诒、李梅庵兄弟叔侄、郭葆荪兄弟。是岁之冬，夏午诒由西安聘为画师，教姚无双。风雪过灞桥，远远看华山。到时，年将终，识樊樊山，晤张仲飏、郭葆荪，游碑林、雁塔坡、牛首山温泉。癸卯春三月，午诒请尽画师职，同上京师。樊山曰：“吾五月当继至。孝钦爱画，吾当荐君。”（樊山为题《借山图诗》：宁独蛟螭隐金箧，便偕彝鼎登明堂。意欲举荐也。）由西安上京华，道过黄河，望嵩高。到京，居宣外北半截胡同，识曾农髯，晤李增庵、张贡吾。五月之初，闻樊山已起行。璜平生以见贵人为苦事，强辞午诒欲南还。午诒曰：既有归志，坚不可留。寿田欲赠君为寿以钱，不如赠君以官，为捐一县丞。就此引见，不费一钱。县丞虽小，亦是朝廷命官。寿田家严当为江西巡抚，君到省立即上印，也是好顽一事。璜笑谢之。过黑水洋，到上海少住，还湘。

甲辰，年四十四，侍湘绮师游南昌。七夕，师赠食石榴，招诸弟子曰：南昌自曾文正公去后，文风寂然。今夕不可无诗。坐（座）中有铁匠张仲飏、铜匠曾招吉及璜，推为“王门三匠”。登滕王阁，小饮荷花池，游庐山。越明年，汪颂年为提学使，偕游桂林看佳山水，小游阳朔，穿走诸洞。越年节，得父示，四弟与贞儿从军，已到广东，命璜追寻。过苍梧，至广东，居祈（祇）园寺，探问，移军钦州矣。到钦州，郭葆荪留之教姬人画。游端溪，谒包公祠，复随军到东兴。过铁桥，看安南山水。久客思归，携四弟与贞儿由香港海道至上海。一日思游虎邱山，是日至江苏（苏州）城。天色晚，宿驸马府堂。虎邱归后，复寻李梅庵于金陵，居三月还家。造一室曰“借山吟馆”，置碧纱橱于其中，蚊蝇无扰。读古文诗词，吟新句。将所游好山水初稿重画，编入《借山图》，共得五十余图册。余闲种果木三百株。辛亥，侍湘绮师长沙，求为王母马孺人撰墓志铭并书。壬子春，闻湘绮师又来长沙，居营盘街。璜往待（侍）。谭三兄弟邀住荷花池上，为先人写真。忽湘绮师函示云：“明日约文人二三，借瞿超览楼一饮。汪财官与君善，亦在座，不妨翩然而来。得见超览楼主人及诸公子。”湘绮师曰：“濒生足迹半天下，久未与同乡人作画，可为画《超览楼禊集图》。”饮后，超览楼主人引客看樱花及海棠花。璜因事还乡，未及画图报命。丁巳，避乡乱，窜人京华。旧识知诗者樊樊山、知刻者夏午贻、知画者郭葆荪相晤。璜借法源寺居之，卖画及篆刻为业。识陈师曾、姚茫父、陈半丁、罗瘿公兄弟、汪蔼士、萧龙友。因寺壁倾倒一角，恐赫（吓），遂迁于宣内观音寺。识朱悟园，因识林畏庵先生。寺内佛号钟声，睡不成寐。再迁石镫庵。老僧又好蓄鸡犬，昼夜不断啼吠声。再迁三道栅栏。再迁鬼门关外。识徐悲鸿、陈散原、贺履之。

乙亥夏初，携姬人南还，扫先人墓。乌鸟私情，未供一饱。哀哀父母，欲养不存。自刻“悔乌堂”印。丙子春，蜀人来函，聘请游青城娥(峨)眉。入川，见山水胜于桂林，惜东坡未见也。居重庆两越月，居城(成)都越半年。识方鹤叟，晤诸门人。返京华，识张芍圃。丁丑以前，为京华艺术学院教授数年，北京艺术专科学校教授数年。戊寅，超览楼后人瞿兑之来京华，璜为补画《超览禊集图》。

平生著作无多，自书《借山吟馆诗》一册，《白石诗草》八卷，《借山吟馆图》四十二图(陈师曾借观，失少十图)。尚有诗约八卷，未钞正，挽词及题跋、记事语、书札已集八卷，未钞正，画册可印照稿可印百集。在北地留(流)连廿又三载，可惭者，雕虫小技。感天下之知名，且喜三千弟子，复叹故旧亦如晨星。忽忽年八十矣，有家不能归。派下男子六人，女子六人，男媳五人，孙曾男女合共四十余人，不相识者居多数。璜小时性顽，王母欲骂欲笑曰：“算命先生谓汝必别祖离乡。”今果然矣。多男多寿，独福薄惭然。

图书在版编目(CIP)数据

白石老人自述 / 齐白石口述;张次溪笔录. —杭州:浙江古籍出版社,2020.5
(掌故丛书)
ISBN 978-7-5540-1681-7

Ⅰ.①白… Ⅱ.①齐…②张… Ⅲ.①齐白石(1863—1957)—自传 Ⅳ.①K825.72

中国版本图书馆 CIP 数据核字(2020)第 001910 号

白石老人自述

齐白石 口述 张次溪 笔录

出版发行	浙江古籍出版社 (杭州市体育场路 347 号 邮编:310006)
网　　址	www.zjguji.com
责任编辑	刘　蔚
文字编辑	郭大帅
封面设计	常　菁
责任校对	吴颖胤
责任印务	楼浩凯
照　　排	浙江时代出版服务有限公司
印　　刷	浙江海虹彩色印务有限公司
开　　本	787mm×1092mm　1/32
印　　张	5.75
插　　页	6
字　　数	111 千
版　　次	2020 年 5 月第 1 版
印　　次	2020 年 5 月第 1 次印刷
书　　号	ISBN 978-7-5540-1681-7
定　　价	30.00 元